とんとんのホ・オポノポノ実践記

Kawai Masami
河合政実

はじめに

ホ・オポノポノとは、400年以上前からネイティブ・ハワイアンに伝わる伝統的な問題解決技法のことです。

この古くからハワイに伝わるホ・オポノポノをもとに、ハワイの伝統的医療の専門家で「ハワイの人間州宝」でもある故モナ・ナラマク・シメオナ女史(1913〜1992年)が、独自のインスピレーションに基づいて、現代社会で活用できるよう新しく発展させたものが「セルフ・アイデンティティ・スルー・ホ・オポノポノ(Self Identity Through Ho'oponopono : SITH. 以下、単にホ・オポノポノとよぶ)」です。

ホ・オポノポノは、多様な文化的・社会的背景から成る南北アメリカや欧州で実践され、さまざまな国際会議、高等教育の場へも紹介されました。国連、ユネスコ、WHO、ハワイ大学などで実践・紹介されたのがその例です。

さらには、哲学や思想としてのみならず、ビジネスの新しい手法として経済界にも大きな影響を与えるようになっています。

日本では、2008年6月末に最初のホ・オポノポノの本である『あなたを成功と富と健康に導く　ハワイの秘法』がPHP研究所から出版されました。続いて、『みんなが幸せになるホ・オポノポノ』（徳間書店）、『豊かに成功するホ・オポノポノ』（小社）、『心が楽になるホ・オポノポノの教え』（イーストプレス）、『ウニヒピリ』（サンマーク出版）、『ホ・オポノポノライフ』（講談社）が刊行され、いずれもベストセラーになっています。

ホ・オポノポノのマスター・トレーナーであるヒューレン博士やKR女史（「カマイリ・ラファエロヴィッチ」の頭文字をとって、こうよばれています）は、毎年のように日本を訪れ、東京、大阪などでクラスや講演会を開催、大変な好評を博すとともに、日本のクリーニングに大きく貢献されています。

まさに今、日本では、ホ・オポノポノは精神世界のみならず、一般にも広まり始めている感がします。

そこで、『豊かに成功するホ・オポノポノ』のインタビュアーであり、共著著であるわたくし河合政実が、ホ・オポノポノの実践者の一人として、個人的な体験談やヒューレン博士やKR女史とのエピソードをまとめたものが本書です。

あくまでも、一人の実践者としての体験談であり、ホ・オポノポノを解説したり、やり方を説いたりするものではありません。

なお、正式にホ・オポノポノを学ぶ場合は、『豊かに成功するホ・オポノポノ』をはじめとする公式のホ・オポノポノ認定の書籍をお読みいただくか、ヒューレン博士、KR女史などホ・オポノポノ認定トレーナーによる2日間のクラスや講演会を受講してください。

詳しくは、ホ・オポノポノ・アジアの公式ホームページをご覧ください。

http://hooponopono-asia.org/

この本が、ホ・オポノポノ実践のお役に立てれば、とてもうれしく、また光栄に思います。

とんとんのホ・オポノポノ実践記◆目次

第2章　豊かに成功するホ・オポノポノ　49

第3章 生死をさまよう

第4章 完璧なことが起き続ける

第5章 人生はクリーニング!! 139

第1章

ホ・オポノポノとの運命の出合い

I'm sorry

人づてに知ったホ・オポノポノ

ホ・オポノポノのことを聞いたのは、2008年の4月のことでした。

当時、わたしは「引き寄せの法則」に夢中になっていて、片っ端から「引き寄せの法則」関連の本を読み漁り、「引き寄せの法則」の研究と実践に没頭していました。

当時のお気に入りの本は、ロンダ・バーンの『ザ・シークレット』、ヒックス夫妻の『引き寄せの法則　エイブラハムとの対話』、そしてジョー・ヴィターリの『ザ・キー』などでした。

わたしは、ミクシィのなかに「引き寄せの法則研究会」というコミュニティを立ち上げたり、「引き寄せの法則」のセミナーを開催したりして、自分が学んだことを人に伝えようとしていました。

そして、ついに運命的な出合いが訪れます。

「引き寄せの法則研究会」のお花見のオフ会で知り合ったカズさんという方に、「ホ・オポノポノ」の話を初めて聞いたのです。

カズさんは、原書を読む方で、『ザ・シークレット』に出てくる24人の賢人の一人であるジョー・ヴィターリが書いた*Zero Limits*を既に読んでいたのです。

そして、「この本はすごいよ。そして、この本に出てくるヒューレン博士というのが、〝奇跡を起こすセラピスト〟なんだよ」と教えてくれたのです。

それから2ヵ月後のことです。今度は京都で「引き寄せの法則」のセミナーを開催していたときに、参加者のヨシさんという方から*Zero Limits*の話をまた聞いたのです。

ヨシさんも*Zero Limits*を原書で読み、ヒューレン博士のハワイ州立病院の特別病棟での奇跡の物語を読んで、ものすごい衝撃を受けた、と言っていたのです。その奇跡の物語とは、殺人、レイプ、暴行、強盗などの罪に問われ、なおかつ精神錯乱状態にあるとされた囚人患者たちが、ホ・オポノポノで回復した、という話でした。

わたしは、ほぼ同時に二人の方から同じ話を聞いたので、「これは何かあるな」と感じていました。

そして、2008年6月末、ついにジョー・ヴィターリとヒューレン博士の共著である*Zero Limits*が翻訳され、『あなたを成功と富と健康に導くハワイの秘宝』(以下、『ハワイの秘法』)というタイトルでPHP研究所から出版されたのです。これが日本で最初に出版されたホ・オポノポノの本でした。

わたしがその本を見たのは、横浜駅西口のダイヤモンド地下街にある有隣堂という書店でした。わたしは、当然のようにその本を手にとり、レジへと向かったのです。

これがわたしとホ・オポノポノの最初の出合いでした。

『ハワイの秘宝』の衝撃

『ハワイの秘法』を読み始めてすぐに、何かがそれまでの本と違うことに気づきました。

それは、本のページが〝白く輝いている〟ようにわたしには見えたのです。まぶしいくらいなのです（『豊かに成功するホ・オポノポノ』を含め、ホ・オポノポノ公式本はすべて、〝ページが白く輝いている〟ように、わたしには見えます）。

自分だけの現象かと思ったのですが、同じようなことをおっしゃっている方もいるようでした。

最近では、読めなくなってしまった本もたくさんあります。本のページの余白がギラギラして、目がチカチカして読めないのです。

さて、肝心の本の中身は、わたしにとってまさに衝撃的なものでした。

DVD『ザ・シークレット』のメイン出演者の一人であるジョー・ヴィターリが、いかにしてイハレアカラ・ヒューレン博士に出会い、ハワイの伝統的な問題解決技法から発展したホ・オポノポノにたどり着いたか、という話なのですが、結果として〝世界にホ・オポノポノを紹介する本〟となっていました。

ヒューレン博士に会う前の部分が長過ぎると感じられる読者もいらっしゃるかもしれませんが、それくらいジョー・ヴィターリにとってホ・オポノポノとの出合いが衝撃的だったのでしょう。

もちろんわたしにとっても、ホ・オポノポノとの出合いは、まるで〝頭の後ろをハンマーで殴られた〟ような、衝撃が走った事件でした。

なぜなら、ホ・オポノポノがあまりにも〝シンプルすぎた〟からです。

「世の中に起きてくる問題はすべて、自分の潜在意識の記憶の再生にすぎない」と、ヒューレン博士は説きます。そして、問題は記憶をクリーニングする（清める）ことによって解決される、と言うのです。しかも、他人に起きてくる問題さえも、それを体験する自分の記憶をクリーニングすることによって解決できる、と説くのです。

しかも、その方法は、

「ごめんなさい」

「許してください」

「ありがとうございます」

「愛しています」

という四つの言葉を、ただ繰り返して唱えるだけでいいと言います。

成功するためのさまざまなメソッドや哲学や宗教をずっと学んできたわたしには、にわかに信じがたいものがありました。


そんなバカな。


そんな簡単な方法で問題が解決するわけがない。そんなことで問題が解決するなら、警察はいらなくなる。

その前に清めの塩をまく必要はないのか。サンスクリット語で呪文を唱えなくていいのか。朝5時に起きて水をかぶる必要はないのか。座禅を2時間ぐらいする必要はないのか。瞑想を一日中、いや何日もする必要はないのか。「四つの言葉」を何千回、いや何万回も言わなくてもいいのか。

そんな疑問が次々と浮かんできます。

百歩譲って、もしそれが事実だとするならば、今までのわたしの探求はいったいなんだったのでしょうか。

過去20年間にわたり、わたしはさまざまな自己啓発セミナー、メソッド、瞑想、ヒーリング、座禅、はては新興宗教などの門を叩き、学び、そして渡り歩いていました（実は有名な霊能者の弟子を1年ぐらいしていたこともあります）。

そこで、学んできた時間と、それに投資してきたお金（旅費交通費を含めて計算をしてみたら2000万円をはるかに超えていました）は、いったいなんだったのでしょうか。

「できることなら返してほしい！」と、誰かに文句を言いたいくらいです。

それくらい、ホ・オポノポノは衝撃的だったのです。

まさに、ブッダが2500年前に悟った「色即是空」「空即是色」を、誰もがすぐに体験し、実践できる方法にたどり着いたと、わたしには思えたのです。

しかも、それがとても簡単な方法で行うことができるのです。

わたしは、ついに〝本物〟に出合ったと感じていました。

Thank you シンクロが起きる

『ハワイの秘法』を読んで衝撃を受けたわたしは、ホ・オポノポノやヒューレン博士に関する情報を、夢中になってネット上で探していました。

するとても幸運なことに、そのとき、ヒューレン博士が来日しているらしいという情報をキャッチできたのです。しかも、3日後にヒューレン博士の2日間のクラス（セミナー）が開催される、ということに気づいたのです。

わたしは、それまで数多くの自己啓発セミナーを受けてきたので、もう自分には研修やセミナーは必要ない、というところにいました。ですから、どんなに強くお誘いを受けても、どんなに魅力的な方から紹介されても、自己啓発セミナーに参加することはありませんでした。そういう状態が5年以上続いていたのです。

その〝自己啓発オタク〟を卒業したはずのわたしが、ホ・オポノポノのクラスに限っては、どういうわけか「これはぜひ受けたい」「いや、受けるしかない」と思ったのです。

しかも、ものすごいシンクロが起きたのです。

というのは、20年ほど前、自分がさまざまな自己啓発セミナーに夢中になって参加していたころ、自分と同じような〝自己啓発オタク〟の仲間の一人が、どうやらヒューレン博士とつながりがあるらしい、ということがわかったのです。

それが平良ベティさんでした。現在のホ・オポノポノ・アジア事務局代表の平良ベティさんのことなのです。

クラスの当日、わたしが受付へ行くと、そこにはベティ（昔からそのようによんでいました。ここからは古くからの友人ということで、敬称略で書かせていただきます）が立っていました。

背が高くてすらっとしていて、すぐにベティだとわかりました。以前と比べて透明感が増し、まぶしいくらいに輝いていました。

実に15年ぶりの再会でした。

ヒューレン博士に会う

こうして、ヒューレン博士の2日間のベーシック1クラスが始まりました。

わたしは目を皿のようにし、意識を集中してヒューレン博士の言うことを聴き漏らすまいとしていました。

しかし、それでも途中で寝てしまったことが何回もありました。なぜ眠くなってしまったのか、いまだによくわかりません。

癒されて、気持ちよくなって寝てしまったのでしょうか。あるいは直面するのが嫌で、寝てしまったのでしょうか。あるいは、ウニヒピリ（潜在意識）にとっては、ウハネ（顕在意識）が寝ていたほうが学びやすいからなのでしょうか。

お昼休みや休憩時間に何人かの参加者の方々と、ホ・オポノポノについて自由に意見を交わしてみました。

当時は、参加者の多くが、業界のプロやセミプロの方だったような気がします。セミナー講師、コーチングの先生、心理学者、カウンセラー、セラピスト、精神科医、ヒーラー、霊能者などです。

一般の参加者はというと、〝自己啓発オタク〟やスピリチュアル・マニアの方々がたくさん来ていました。

そして、参加者の多くが、わたしと同じような感想を抱いていたのです。

つまり「ついに本物にたどり着いた」「完璧なメソッドに出合った」「これこそ、探し求めていたものだ」というものです。なかには、あまりのシンプルさに衝撃を受け、呆然自失、という方もいたのです。

なぜなら、自分たちが過去に受けてきた自己啓発セミナー、瞑想法、宗教、メソッドなどが、もっともっと複雑だったからです。

わたしも、ホ・オポノポノにはそういう複雑で神秘的な秘法のようなことがあるのではないかと密かに考えていたので、本当に驚きでした。わたしの予測は見事にはずれてしまったのです。

そのせいでしょうか。あまりのシンプルさのためにヒューレン博士の言っていることが理解できない方もいたようでした。それくらいわたしたちは、過去の自己啓発セミナーや宗教に毒されてしまっていたのです。

一方で、勘違いからホ・オポノポノに対して、否定的になっていた方もいらしたようです。

ジョー・ヴィターリのインターネット上での紹介の仕方が悪かったのでしょう。

〝世界一風変わりなセラピスト〟というタイトルで、ヒューレン博士のことを紹介していたので、ホ・オポノポノのことをセラピーだと思ってしまった方がいたのです。

現在、ホ・オポノポノの本が何冊も出版されていますので、そのような誤解はなくなりましたが、当時は『ハワイの秘法』が翻訳出版されてまだわずか数日しか経っていなかったので、そのような勘違いがあったのでしょう。

セラピストとしてヒューレン博士を見てしまうと、どういう誤解が生まれるでしょうか。クラスのなかでヒューレン博士は、ときとして質問に答えないで「あなたならどう思いますか」と逆に尋ねることがあります。これは、考えてみればある意味で当然のことです。

ホ・オポノポノでわたしが最も素晴らしいと思うことの一つは、誰もが「神聖なる存在(Divinity)」に直接つながることができて、質問をすることができる、ということです。この間に、もし人が介在するとなってしまうと、それは宗教になってしまうからです。

また、ヒューレン博士は、質問を途中で打ち切ってしまったり、さえぎってしまったりすることも、ときとしてありました。

実は、セラピーの世界では「質問に答えない」「質問をさえぎる」ということは御法度なので、このため、ホ・オポノポノに対して否定的になってしまった方がいたようなのです。

しかし、ヒューレン博士がクラスのなかで行っていることは〝クリーニング〟であって、セラピーではないのです。参加者の気持ちが和らぐようにセラピーをしているわけではないのです。

ベーシック1クラスの2日目の朝、わたしは光栄にもヒューレン博士と直接お話をする機会に恵まれました。

ヒューレン博士は、にこやかに笑みを浮かべながら、わたしの顔を見つめます。

わたしがドキドキしながらヒューレン博士に名刺を渡すと、「わたしは、名刺を持つ習慣がないので」と言います。

そして、わたしの名刺を指でなぞりながらこう言ったのです。

「〝KAWAI〟の〝KA〟はハワイ語では定冠詞で、英語の〝THE〟と同じ意味だね。また〝WAI〟は『水』という意味だ。そして〝I〟は『神聖な存在』という意味もある。つまり〝KAWAI〟とはハワイ語で『神聖なる水』という意味だよ」

そして「おお、河合さん、あなたは日本の食の平和を創る仕事をするようになるでしょう」と、うれしそうに言うのです。しかし、ちょっと間を置いて、こうも言いました。「でも、あなたがしなければ、ほかの誰かがするでしょう」と。

今までのところ、わたしの仕事はそちらの方向へ向かっていないので、おそらくほかのどなたかがしているのだと思います。

I'm sorry

ヒューレン博士への質問

ベーシック1クラスの2日目が始まりました。

質問の時間が何度かとられるのですが、どうしてもわたしはヒューレン博士に質問をしたくなってしまいました。

それはわたしの兄に関する質問です。

わたしには6歳年上の兄がいます。その兄は統合失調症に35年間かかっていて、医師からは「悪くなることはあっても、よくなることはない」と言われていました。

しかも、30年前に横浜駅で電車への飛び込み自殺未遂を起こしてしまい、両足を根元から切断していたのです。つまり、精神的にも肉体的にも障害者となってしまったのです。

その兄に関する質問を、わたしはどうしてもヒューレン博士にしたいと思ったのです。

兄の病状について説明をしたあと、わたしはヒューレン博士にこう尋ねたのです。

「ヒューレン博士。うちにはこういう兄がいるのですが、この兄でも、ホ・オポノポノの四つの言葉を言うだけで、本当に病気が治るのですか?」と。

わたしは、ヒューレン博士がなんと答えるか、なんとなくわかっていました。

おそらく、知人や遠い親戚の人のことだったら、わたしも質問はしなかったでしょう。でも、身内、家族のなかにそういう人がいたら、やはり聞きたくなるのが人情ではないでしょうか。

ヒューレン博士は、わたしの顔をじっと見つめて、ただひと言、こう言いました。

「Of course!!（もちろんだとも!!）」

わたしは、その言葉を聞いてなぜかとても納得いたしました。ものすごく腑に落ちたのです。おそらく、その瞬間にヒューレン博士は、わたしのことをクリーニングしたのだと思います。

なんの説明もありませんでしたが、わたしにはそのひと言で十分でした。

わたしは、それから真剣にホ・オポノポノを実践するようになったのです。

Please forgive me

家庭に起きた奇跡

ホ・オポノポノを真剣に始めるようになってから、さまざまな奇跡が家庭や会社で起き始めました。

家庭では、家内、長女、長男との関係がより深いものとなりました。

わたしは、毎日のように2~3リットル飲んでいたアルコールを、家内のために完全にやめることができました。ですから、夜の街でお酒を飲むこともまったくなくなりました。

また、飲みに出かけたら午前様になることが当たり前だったのですが、今は夜出かけることもまれとなり、遅くなったとしても午前様になることはありません。


最大の変化は、わたしと兄との関係です。

兄は、前にも述べたように、肉体的にも精神的にも障害者として、わたしといっしょに生活をしていましたが、わたしにとっては知らず知らずのうちに心の負担となっていました。

というのは、兄と顔を合わせると、さまざまなことが頭に浮かんでくるからです。「ああ、自分はなんて不幸なのだろう」とか「なんでこんなことが起きてしまったのだろうか」などということを、つい考えてしまうのです。

それだけではありません。本当はそんなことを考えてはいけないのでしょうが、「自分はなんて大きなお荷物を背負ってしまったのだろうか」と考えてしまうことも、正直あったのです。

でも、わたしが一番心配していたことは「もし僕が先に死んでしまったら、兄はいったいどうなるのだろう」ということでした。それを思うと夜も眠れないことがあったのです。

ですから、わたしは兄とはなるべく顔を合わせないようにしていました。いっしょにいても、自分から決して積極的に話しかけようとはしませんでした。もちろん、重度の統合失調症ですから、きちんとした会話はできないのですが、今思えば日常的な会話さえも、無意識のうちに避けていたように思うのです。

ところが、ホ・オポノポノを真剣に始めてしばらくしたころ、わたしの心のなかに変化が起きてきたのです。

「自分は、ひょっとすると兄に助けられているのかもしれない」

そんな思いが、ある日突然、わたしの心のなかに浮かんできたのです。

わたしは会社の経営者です。会社を経営するということは、ときとして自分が言いたくないことを言わなくてはならない場合もあります。厳しいことをスタッフに対して言ったり、取引先とかなり突っ込んだ交渉をしたりすることも、しばしばあります。

でも、そんなときに「うちの社長はお兄さんがああいう状態で大変なのだから」とか「ああ、河合さんのところは、ご家族にいろいろとあって大変だから」ということで許されてきたことがあったのではないかと思ったのです。

これは後日、銀行の担当者から聞いた話なのですが、「河合さんのところは、お兄様のことがあったので、当然のことながら配慮しないわけにはいかなかった」ということがありました。

つまり、わたしは知らないところで兄に助けられていたのです。いや、兄のおかげで会社が救われたことさえ、何度もあったのです。

Thank you 兄はわたしの鏡

そして、兄のことで、もう一つ別のことにも気づきました。

それは、統合失調症の兄の病状の起伏についてです。

兄は、病状がいいときはとても穏やかで、簡単な会話なら普通にできるのですが、悪くなると手がつけられなくなることがありました。

暴力を振るうようなことはないのですが、「バカ野郎！」と突然大声で叫んだり、ドアをバシャンと閉めたり、食事の時間が待てなくて、食事の時間の前にテーブルに出されている食べ物を全部食べてしまったり、ひどいときは冷蔵庫から勝手に食べ物を持ち出して、食べてしまったりすることがありました。

わたしは、その病状の起伏が、波のように周期的に起きているものだと思い込んでいました。

しかし、よく観察をしてみると、実は、兄の病状はわたしの状態に関係があることに気づいたのです。

わたしの心が穏やかなときは、兄の心も穏やかなのです。

そして、わたしの心が乱れているときは、兄の心も乱れているのです。

そうなのです。

兄は、わたしの心を映し出してくれる鏡だったのです。

統合失調症のような病気は、ある意味、人をものすごくシンプルに、純粋にします。その単純化された兄の心の鏡に、わたし自身の心が映し出されただけだったのです。

そうか、そうだったのか。

お兄ちゃん。今まで気づかないで、ごめんね……。

わたしは、ホ・オポノポノで本来の兄弟関係を取り戻すことができたのです。

病気になる前の繊細で優しい、そして家族思いの兄のことを思い出すことができたのです。

I love you

ビジネスに起きた奇跡

ホ・オポノポノを知るまでのわたしは、会社の経営も大変でした。

事業計画を作成して、部門別・個人別の詳細な目標を立てて、少しでも計画どおりにいかないと、なぜそうなったのか、原因探しや犯人探しを徹底して行っていました。

しかし、いくらそのようなことを行っても、いっこうに問題の解決には至りませんでした。責められる社員やスタッフも決していい気持ちはしません。そして、それを言わなくてはならないわたし自身がとても嫌で、月例の会議が憂うつでなりませんでした。

ところが、ホ・オポノポノを始めてから、会社の経営がどんどん変わっていったのです。

基本的に会社の運営はそれぞれのスタッフに任せるようになり、わたしが行っているのは、会社のクリーニングだけです。正確に言えば、会社自体と会社のスタッフ、取引先、関係先のクリーニングをしているだけなのです。

先日、ある中堅の女性社員からこう言われました。「社長、そんなに任せていて、心配ではありませんか?」と。わたしが無言で笑っていると、「でも、だいじょうぶです。みんなしっかり会社を守っていますから」と、彼女自ら答えていました。

今、わたしの会社では、事業計画を作成したり、マネジメントらしいことは一切していません。会社は、それで十分なのです。

そして、ビジネスで奇跡のようなことがいくつも起き始めました。

ホ・オポノポノを始めてしばらく経った、夏の日のことです。ある女性スタッフから次のようなメールをもらいました。

「社長が資金繰りで苦労しているのはよく知っています。夏の受注が少なかったので、今月は資金繰りが大変だと思いますので、残業代については2ヵ月後でかまいません」というメールです。

わたしはとてもうれしく思うとともに、そのスタッフに気を使わせて申し訳ないと思いました。

しかし、驚きはそれだけではありませんでした。しばらくすると、次から次へとほかのスタッフから同じようなメールが届くのです。これにはありがたいと思うとともに、本当にビックリいたしました。その月の資金繰りがうまくいったことは、言うまでもありません。

もう一つ、ビジネスでの奇跡をご紹介いたしましょう。

数年前にある事業から撤退して2000万円の買掛金が支払えず、実際のところ、資金繰りに大変困っていました。

少しずつ支払っていたのですが、資金繰りが厳しくなると、まったく支払えないことが数ヵ月続くこともありました。

そんななか、その会社からわたしに電話があったのです。

「社長、残金ですが、どうやって支払いますか？　社長もいろいろ大変でしょう。いったい、いくらだったら支払えるのですか」と。

そこで、わたしは思い切って正直な数字を言いました。「500万円ぐらいだったらなんとか支払えるかもしれません」

すると相手の方が意外にもこう言うのです。

「わかりました。では500万円ということにいたしましょう。では、いつ支払っていただけますか？」

わたしは慌ててしまいました。まさかOKになると思っていなかったのです。そして、よくよく考えてみると500万円という現金がありません。

「実は、500万円という現金は今、持っていないのです。申し訳ないのですが、分割でお支払いをお願いできないでしょうか」と恐る恐る言うと、先方の方はこう言うのです。

「では、毎月50万円の10回払いということで、どうでしょうか」

大変ありがたい話で、わたしも「それでお願いします」という言葉がのどまで出かかったのですが、よくよく考えてみると毎月50万円という金額を支払ってしまうと、会社の資金繰りが苦しくなるのではないかと感じました。そこで、

「申し訳ないのですが、毎月5万円の支払いというわけにはならないでしょうか」と、わたしが勇気を出してお願いすると、しばらくの沈黙のあとに(わたしには30分ぐらいたったかのような感じがしました)、

「わかりました。それでやりましょう」と言って、決断をしていただいたのです。

つまり、2000万円の支払いが500万円になり、それも月50万円の分割払いになって、ついには月5万円の分割払いになってしまったのです。しかも、それはわたしからお願いしたことではないのです。相手から電話をもらい、とんとん拍子に話が決まったことなのです。

I'm sorry

ホ・オポノポノ・ビジネスクラス

2008年10月、日本で初めてホ・オポノポノのビジネスクラスが開催されました。

わたしは、ビジネスクラスが日本で開催されると聞いて「それは申し込みをしなければ……」と思いました。

当時、わたしの会社はまだまだ仕事が思うようにいってはいませんでした。資金繰りはいつも綱渡りの連続です。それをなんとかしたいと思っていました。

もちろん、ホ・オポノポノのベーシック1クラスを受講して、会社にも変化の兆しが見えていましたが、まだまだ苦しい運営だったのです。

さて、前回のベーシック1クラスの申し込みでは気がつかなかった不思議なことが、ビジネスクラスの申し込みのさいに起きました。

ホ・オポノポノ・アジアのホームページからクラスの申し込みフォームを送り、参加費をインターネット・バンキングで銀行から送金するときのことです。

送金ボタンをインターネット上でクリックしたとき、不思議な現象が起きたのです。

突然、自分の周囲の空間がゆらゆらと揺れたのを感じたのです。よくテレビの漫画で、何か突拍子もないことが起きて主人公がビックリして場面がゆらゆらと揺れるという光景がありますが、そんな感覚です。そして、その瞬間、身体も心もとても軽くなるのを感じたのです。

言葉ではうまく説明できませんが、なんとも不思議な体験でした。

さて、ホ・オポノポノ・ビジネスクラスは、わたしにとても大きなプレゼントを与えてくれることになりました。

それは、兄のことです。前に述べたようにわたしには6歳年上の兄がいます。統合失調症にかかって既に35年。医者からは「一生治らない」と言われていました。

実はその兄の調子がそのころ、とても悪かったのです。わたしが業界の会合のために泊まりで出張していたとき、事件が起きました。

日曜日に家内が寝坊して起きたところ、前日に作ったロールキャベツを鍋ごと全部食べてしまったのです。家内が朝8時までにダイニングに朝食を用意できなかったので、どうも朝食が食べられない、とパニックになってしまったようなのです。家内がロールキャベツのことで兄を叱ると、今度は冷蔵庫にあったかぼちゃの煮物を自分の部屋に持っていって、全部食べてしまいました。兄は人工肛門なので、たくさん食べると蓄便用のビニールのパックがあふれてしまい、下痢になります。

その状態で、火曜日にデイケアの作業所へ行ったところ、お昼にほかの障害者の方とけんかになってしまいました。下痢なので「臭い！」と言われたのが原因のようでした。帰宅後、真っ暗な家のなかで、おとなしい兄が「バカ野郎！」と大声で怒鳴っていました。「どうしたの？」と言っても、部屋にこもって、出てきません。

そして、今度は突然「夕飯食べてない」とダイニングに現れるのです。家内が「さっき出したでしょ」と言っても、「食べてない」と言って、ダイニングを離れません。仕方ないので、わたしが食事を少しだけ出して、食べさせることにしました。

毎朝、亡くなった両親に、兄と二人でお線香をあげているのですが、翌朝から部屋から出てこなくなりました。「お父さん、お母さんにお線香、あげないの？」と聞いても、「嫌だ！」と言うのです。

そんな状態のなかで、ホ・オポノポノのビジネスクラスの初日の朝を迎えました。

わたしはその日の朝も「お兄ちゃん、お父さん、お母さんにお線香、あげよう！」と兄に言うのですが、兄は「嫌だ！」と言って部屋から出てきません。

わたしは「そうだ。ホ・オポノポノをしてみよう」と思い、「自分の潜在意識のいったいどこに原因があって、兄はこういう状態になっているのだろうか。ごめんなさい。許してください。ありがとうございます。愛しています」と、心のなかで唱えました。

そして、もう一度兄に向かって言ったのです。

「お兄ちゃん。お父さん、お母さんにお線香、あげないの？」と。

すると兄が「ああ、そうだ。お線香、あげよう。あげよう」と言って、こちらへ車いすでやってくるではありませんか。そして、二人でお線香を仏壇にあげることができたのです。

そのときの兄の表情があまりにも穏やかだったので、思わず尋ねてしまいました。

「お兄ちゃん、幸せ？」

すると兄がこう答えたのです。

「うん、幸せだ。僕は幸せだ」

わたしは思わず耳を疑いました。

健常者の思いあがりだと思いますが、わたしは「精神的にも障害者、肉体的にも障害者の人が、幸せなはずはない」と決めつけていました。

しかし、兄の答えは「幸せだ」と言うのです。

わたしは、自分が小さいころ、兄がとても優しかったことを思い出しました。いつもわたしのことをかばって、優しくしてくれた兄。遊んでくれた兄。そんな兄のことが大好きでした。

わたしは最高の気分で横浜の家を出て、東京の丸の内で開催されていたビジネスクラスへ向かいました。そして東京駅に着いて、丸の内を歩いていたときに、ふと気がついたのです。

兄はわたしの心の鏡だと思っていましたが、それだけではありません。兄は、会社の守り神をしてくれていたことに気づいたのです。河合家のさまざまな因縁をすべて一人で受け止めて、背負ってくれたのだと気がついたのです。

そして兄に、心のなかで謝ったのです。

「お兄ちゃん、どうか、長生きしてください。今までお荷物だとか、自分は不幸だとか、そんなことばかり考えてごめんなさい」

「お兄ちゃん、ありがとう。お兄ちゃんのおかげで今日まで来られたんだよ。会社を守ってくれてありがとう」

わたしは兄に対する感謝の気持ちでいっぱいになりました。

ホ・オポノポノ・ビジネスクラスに参加する前に、わたしのクラスは終わっていました。

それがわたしにとって、ホ・オポノポノ・ビジネスクラスでの最大の成果だったのです。

Episode 1 「コーヒーメーカーさん、愛しています」

2010年4月の神戸での2日間のビジネスクラスでの出来事です。

1日目が終わって、宿泊しているホテルに戻りました。

会場のすぐ裏手のホテルだったので、何人かのビジネスクラスの参加者たちとお茶を飲もう、ということになりました。そのホテルは、ロビーにコーヒーメーカーがあり、宿泊者は無料でコーヒーをセルフサービスで楽しめるようになっていました。

わたしは、みんなのために10杯ほどコーヒーを作ろうと、コーヒーメーカーを操作していました。

すると5杯ほどコーヒーをいれたところで、突然コーヒーメーカーが動かなくなってしまいました。何度ボタンを押してもコーヒーが出てきません。

「あれ、困ったなあ」と思ったのですが、「そうだ、ホ・オポノポノをしてみよう」とひらめきました。

そこで、わたしはコーヒーメーカーを右手でそっとなでながら「アイスブルー」と言い、さらに「愛しているよ」と話しかけたのです。

するとどうでしょう。

コーヒーメーカーは何事もなかったかのように、動き出したのです。

みるみるうちに、コーヒーが元気よく出てきました。

コーヒーメーカーはうれしそうにコーヒーを抽出し始めました。

それを見ていた周囲の人たちは、ビックリした様子で、わたしとコーヒーメーカーを不思議そうに見ていました。


似たような経験はいくつもあります。

ある夜のことです。わたしは自宅で翌日のセミナーの準備をしていました。

資料をプリンターで印刷したところ、紙詰まりを起こして、印刷ができなくなってしまいました。詰まっていた紙を取り除いて、リセットボタンを押して再度印刷しようとしましたが、プリンターはまったく動きません。

そこで、プリンターの電源をオフにして再度オンにしたり、パソコンを再起動したりしてみました。それでも、プリンターは動いてくれません。

「困ったなあ。明日のセミナーが開催できない」と思いましたが、「そうだ、ホ・オポノポノをしてみよう」と気がつきました。

わたしは、プリンターを両手でそっとなでながら「アイスブルー」と言い、さらに「いつもありがとう。愛しているよ」と話しかけたのです。そして、再度パソコンを再起動いたしました。

するとどうでしょう。

プリンターが何事もなかったかのように、動き出したのです。

セミナーの資料が次から次へと軽快に印刷され始めました。

Episode 2 「クリーニングは自分自身から」

わたしはかつて、統合失調症の兄にブルー・ソーラー・ウォーター※を飲ませようと、一生懸命でした。

食事のとき麦茶しか飲まない兄のコップに、素知らぬ顔をしてブルー・ソーラー・ウォーターを入れたりして、なんとかブルー・ソーラー・ウォーターを飲ませようとしていました。

わたしがヒューレン博士に「なかなかうちの兄はブルー・ソーラー・ウォーターを飲んで

くれないのです」と言うと、博士はわたしにこう言ったのです。

「河合さん、ブルー・ソーラー・ウォーターを飲む必要があるのはお兄さんじゃない。あなただ」

わたしはハッと気づいたのです。

「すべての出来事は100%自分の責任」というホ・オポノポノの考え方を知っているのに、統合失調症を兄のせいにしていたのです。すべての出来事は自分の〝なか〟でしか起きていないのに、つい自分の〝外〟に原因を求めてしまっていたのです。

ホ・オポノポノはある意味で〝魔法〟です。しかし、〝魔法〟を知ってしまうと、どうしてもそれをいろいろと使いたくなってしまうのが人情なのかもしれません。いつのまにか、自分のために始めたホ・オポノポノが、他人のためのホ・オポノポノになってしまいがちなのです。

すると、博士がアイデアを出してくれました。

「ブルー・ソーラー・ウォーターを料理に入れるといい。自然に家族が食べるからね」と優しく付け加えてくれました。そして続けてこう言ったのです。

「素晴らしいことを教えてあげよう。みんなが作ったブルー・ソーラー・ウォーターはどうなると思う？　下水から川に流れて最後は海になったり、蒸発して雲になって今度は雨になったりしているのだ。つまり、世界中の水が少しずつブルー・ソーラー・ウォーターに変わっているのだよ」

世界の水が少しずつブルー・ソーラー・ウォーターになっていく……。なんと素晴らしいことでしょうか。

※ブルー・ソーラー・ウォーター

ホ・オポノポノのクリーニングツールの一つ。飲むだけで潜在意識下で再生される情報を消去（デリート）できる「奇跡の浄化水」です。

詳しくは、『豊かに成功するホ・オポノポノ』226ページをご参照ください。

Episode 3 「糖尿病が治った!!」

『豊かに成功するホ・オポノポノ』をわたしが書くことが決まり、打ち合わせでヒューレン博士たちとランチをしていたときのことです。

いつものことなのですが、わたしがすごい勢いでパクパク食べていたら、打ち合わせに同席していた女性がヒューレン博士に「河合さん、いつも食べすぎなんです」と笑って言ったのです。

ヒューレン博士は、そのときのことを後日、わたしにこう言いました。

「それで、彼女がしゃべっている間、わたしはクリーニングしていたのです。わたしのなかにあるどの情報が、この女性が河合さんに向かって『食べすぎなんです』って言わせているのだろう、ということを消去したのです」

そして、彼女にこう言ったのです。

「彼はだいじょうぶだ。心配ない。直接河合さんの身体に聞いたら『今のままでOKだ』と答えたよ」

この言葉を聞いて、彼女はもちろんですが、わたしもとてもビックリいたしました。

何しろ、わたしは当時111キロの体重があったからです。自分でもとても健康だとは思っていなかったからです。

そして、そのことは3ヵ月後に正しいことが証明されるのです。

実は、わたしは15年近くも糖尿病を患っていました。糖尿病は「治らない病気」だと言われています。

ところが、その糖尿病のバロメーターである血糖値が、ホ・オポノポノを始めて半年で正常化し、ついに15年間お世話になっていた糖尿病の薬から解放されることになったのです。

周囲の人からは「糖尿病が治ったという話は聞いたことがない」「奇跡ですね」などと言われています。

第2章

豊かに成功するホ・オポノポノ

Please forgive me

「ホ・オポノポノの本を書きたい」

ホ・オポノポノ・ビジネスクラスを受けて数日後、わたしの頭のなかに突然浮かんできたことがありました。

それは、「ホ・オポノポノの本を書きたい」という思いでした。

それもホ・オポノポノのビジネスに関する本を、ヒューレン博士といっしょに書きたい、と感じたのです。

それはとてもバカげている発想で、とてもヒューレン博士が受け入れるはずがないと思い、クリーニングをすることにいたしました。

クリーニングを始めて3日後のことです。気づいたらわたしは、ベティに電話をしていました。

「あの〜、河合です。ビジネスクラスではお世話になりました。大成功、おめでとうございます。ビジネスクラスは本当に素晴らしかったです」

「ありがとうございます。こちらこそ、河合さん、とてもお世話になりました。クラスでは感動的なシェアをありがとうございました。みんな感動していましたよ」とベティ。

実は、ホ・オポノポノ・ビジネスクラスのなかで、「兄は会社の守り神だった」というシェアをさせてもらったのです。

そこで勇気を出して言ったのです。

「実は、ホ・オポノポノのビジネスに関する本を書きたいと思っているのです。それも、ヒューレン博士といっしょに書きたいのです」

わたしはベティがなんと返答するかドキドキしていました。

すると彼女は次のように答えたのです。

「わかりました。では、博士に聞いてみます」

わたしは、一瞬耳を疑いました。でも、これは現実です。

既に電話は切れていました。わたしは受話器を握ったままだったので、慌てて電話を切ったのです。

実は、わたしは本を書いたことがありませんでした。

つまり、実績ゼロの人間です。

そのわたしが、ヒューレン博士と本を出版したいとオファーしたのです。

日本のホ・オポノポノのクラスのコーディネーターであるベティは、クリーニングをして、自分の意見を付け加えずに、わたしの申し出をそのまま忠実にヒューレン博士にメールしたのではないかと思います。

それから数日後、ベティからメールが届きました。

それにはなんと「ＯＫになりました」と書いてあったのです。

そしてその下には、ヒューレン博士からのメールが転送されていました。

I would like to write ho'oponopono business with Mr.Kawai.

（わたしは河合さんといっしょにホ・オポノポノ・ビジネスの本を書きたい）

出版社はどこに？

本を書くことがヒューレン博士から認められたのに驚いていると、すぐにベティから携帯に電話がありました。

「ところで、出版社はどちらですか？」

「いや、まだ何も考えていないのですが……」とわたし。

「えっ。まだ、決まってないのですか？」と、少し呆れたという感じのベティ。

そうなのです。まさか本当に出版の話が決まるとは思ってもいなかったので、出版社のことまで考えていなかったのです。ベティが驚くのも無理ありません。

そこで慌てて出版社をどこにするか考えました。

当時わたしは、「引き寄せの法則セミナー」という独自のセミナーを開催していて、「引き寄せの法則」を中心に人生を成功させるメソッドについて教えていました。

そして、そのセミナーの講師として、ソフトバンク クリエイティブの編集者である錦織 新さんにボランティアでときどき来ていただき、コラボレーションでセミナーを開催していました。

ソフトバンク クリエイティブは、ソフトバンクグループのメディア企業で、出版物やデジタルコンテンツを扱っています。

名前から判断するとITに強い出版社と思われる方が多いと思いますが、実はスピリチュアルにも強い出版社なのです。あの有名なヒックス夫妻の「引き寄せの法則」シリーズのほとんどの本が、実はソフトバンク クリエイティブから刊行されているのです。

さらには、錦織さんは「引き寄せの法則公式ブログ」という「引き寄せの法則」の分野では有名なブログを書いていて、毎日数千ものアクセスを集めている敏腕編集者なのです。

「そうだ。錦織さんがいた。まずお世話になっている錦織さんに聞いてみるのが筋だろう」

そこで、まずソフトバンク クリエイティブの錦織さんに尋ねてみることにしたのです。

「実は、ホ・オポノポノのビジネスの本をヒューレン博士と出すという企画があるのですが、ソフトバンク クリエイティブさんでやりませんか?」と、わたしがメールを錦織さんに送ると「ぜひうちでやらせてください」と、錦織さんから返信メールがすぐに返ってきました。

錦織さんとはその年の4月に初めてお会いしたばかりで、それから意気投合して、とんとん拍子に話が進んで、コラボセミナーを開催するようになっていました。今考えてみると、錦織さんとはこの本を出すために必然的に知り合ったのかもしれません。

いいえ、そうなのです。あとでよくよく考えてみると、編集者が錦織さんでなかったら、『豊かに成功するホ・オポノポノ』はこの世に生まれてこなかったのではないかと思われる節があるのです。

さて、これで出版社が決まりました。

そこで、出版企画書を作りました。第1章第1項「すべての問題を解決するホ・オポノポノ」、第2項「時代が求めるホ・オポノポノ・ビジネス」、第3項「『誰もが』『自分だけで』『簡単に』」……のように、本全体の章立てを、錦織さんと相談しながら作成したのです。

それをベティ経由でヒューレン博士に見てもらい、OKをもらったのでした。

貴船でのインタビュー

　2008年11月、ヒューレン博士が再度来日することとなりました。

　そして12月1日に、京都の奥座敷の貴船というところで、ヒューレン博士にインタビューさせていただく時間をまる1日もらったのです。

　場所は「栃喜久」という料亭旅館で、朝の11時からインタビューがスタートいたしました。メンバーは、ヒューレン博士、ベティ、写真家の山崎兼慈さん、建築家の遠藤亘さん、錦織さん、わたしの6人でした。

　錦織さんと「栃喜久」に到着し、インタビューをいよいよ始める段になって、わたしはとても不安になってしまいました。

　その不安から、今から思うととても失礼な質問をヒューレン博士にしてしまったのです。

「この本を書かせていただくのはとても光栄なことですが、そのようなことを本当にわたしがしてもいいのでしょうか？」

　博士は、わたしの顔をじっと見つめながら言いました。

「河合さんみたいなタイプの人は、パーティーには必要ですよね。ほら、冗談をいろいろ言って盛り上げてくれる人です。河合さんは愛される人です。この本を書くのはあなたです。そうでなかったら、わたしはここにはいません」

「本当にそうなんですね。とても信じられなくて……」とわたし。

「実は、わたしも最初、そう思ったのです。えっ、河合さん！　あの河合さんなの？」と笑いながら博士。

「そこで、クリーニングをしました。3回クリーニングをしてもあなたの名前が消えなかったので、わたしはここにいるのです」

こうしてインタビューは和やかなムードのなかでスタートいたしました。

事前に錦織さんと作成した企画書に沿って質問をさせていただき、ヒューレン博士に答えていただくわけですが、途中何ヵ所かで困った問題が起きてしまいました。

例えば、第6章のビジネスに関するQ＆Aを例にとってみましょう。ここに掲載されている「ノルマをこなすにはどうしたらいいですか？」という質問をするといたします。あるいは「モチベーションが上がらないのですが？」「妻が仕事に理解がないのですが？」という質問をするといたします。

すると、それに対するヒューレン博士の答えが「クリーニング！」「ゼロ！」のひと言で終わってしまうのです。

今のわたしにはそれがなぜなのかよくわかるのですが、そのときのわたしとしては、ヒューレン博士に長々とたくさんのことを話してもらいたかったので、困ってしまいました。

あまりにも「クリーニング！」「ゼロ！」という答えが続くので、「もう質問しなくてもいいですね。残りの質問の答えも同じように書いておきましょう」と言うと、ベティから「河合さん、ちゃんと博士に聞いてください。聞くというプロセスも大事ですから」と言われたのです。

I'm sorry 妖精が現れる

11時からインタビューを開始して、すぐにお昼になってしまいました。

「栃喜久」でお昼の食事をするのかと思いきや、ヒューレン博士がおそばを食べたいということなので、旅館の外へ行くことにいたしました。

貴船神社のほうへ川沿いに歩いて行くと、道沿いにおそば屋さんがあったので、そちらで食事をすることにいたしました。

食事が終わると、せっかくなのでみんなで貴船神社へ参拝することにいたしました。

参拝を終え、境内を歩いていると、神社を参拝していた一人のおばあさんがヒューレン博士に話しかけてきました。

「外国の方ですか？」「どちらからいらしたのですか？」

ヒューレン博士はおばあさんに丁寧に答えて、お辞儀をしています。

そして、わたしにこう言ったのです。

「河合さん、あのおばあさんとここで出会う確率は65億分の1なんだよ。なんという奇跡なのだろうか。それを考えてごらんなさい」

参道を下りると、また同じ川沿いの道を「栃喜久」のほうへ戻って歩いていました。

右側が山の斜面で、左側が川です。

すると、ヒューレン博士が立ち止まって山の斜面を指さしてこう言うのです。

「ああ、妖精がいるよ。見てごらん」

「どこですか？」わたしには何も見えません。

「ほら、ここだよ」と博士。ニコニコしながら、かわいらしい赤ちゃんを見るような顔で言います。

「博士、妖精というのはヨーロッパだけではないのですか？　日本にもいるのですか？」

「もちろんだよ。ヨーロッパだけじゃない。世界中にいるんだよ」

結局、ヒューレン博士のほかは誰も妖精が見えませんでした。

しばらく道を歩いていると、わたしの好きな料亭旅館の「ひろや」が見えてきました。「ひろや」は、夏は川床料理、冬はぼたん鍋（猪鍋）が有名な旅館です。わたしは「ひろや」のぼたん鍋が大好きで、何度もタクシーを飛ばして食べにきたことがありました。

わたしの2、3歩前をヒューレン博士が歩いていて、わたしは博士に遅れないように歩きながら、ぼたん鍋のことを考えていました。「今度来たときは、ぼたん鍋を食べたいなあ。今日は残念だけど……。でも、ここのぼたん鍋はおいしかったなあ！」

すると突然、ヒューレン博士が振り返ってわたしに言いました。「その鍋というのはそんなにおいしいものなのかね？」

「はい。おいしいです」と答えながら、わたしはとてもビックリいたしました。あれっ、なんで博士はわたしが考えていることがわかったのだろう？

そして、次の瞬間「まずい！」と思ったのです。

博士はわたしが考えていることが全部見えているのか？

だとすると、今までいろいろなことを考えていたけれど、それがみんなわかっていたのではないだろうか……。聖人君子から程遠いわたしは、顔から火が出る思いがいたしました。
どうもヒューレン博士は、すべての思考がビジュアライズされて見えるようなのです。

Please forgive me

今度はエンジェル?

「栃喜久」に戻ると、もう時間は3時を過ぎていました。時間が大幅に遅れています。すぐにインタビューの続きを始めました。

インタビューの続きを始めてしばらくすると、ヒューレン博士が突然おかしなことを言うのです。

「今、本から連絡があった」

一同の頭のなかが「?」マークでいっぱいになったところで、さらに驚きのひと言。

「本が言うには、もう本は出来たそうだ」

「それは素晴らしいですね」とわたし。

「だから、もうインタビューは終わりにしよう」と博士。

これには、錦織さんが慌てました。「この本は全部で8章構成となっています。まだ5章までしか聞いていません」

「本は出来たと言っている」と博士。

そこでわたしからもひと言。「博士、わたしも今この状態で本を書けと言われても、ちょっと自信がありません」

「内容については本に直接聞いたからオーケーだ。でも、君たちが納得できないのなら仕方ないな。では、君たちが満足できるまでインタビューを続けましょう」と肩をすくめる博士。このひと言に、みんな胸を撫で降ろしました。

そして、博士は続けてこう言ったのです。

「ゼロになれば、本が本を書き始める。勝手に指が動くという感じでね」

この言葉の意味は、後日わかることになります。

インタビューが再開されてしばらくすると、またヒューレン博士がおかしなことを言うのです。

「今、この本を持ちながら3人の翼の生えた生き物が降りてくるのが見えた」

「エンジェルということですか」とベティ。

「エンジェルかどうかはわからない。翼を持った生き物には間違いない……。そして、この本の向こうに、この本を待ちわびている何百万人もの人が見える」

ヒューレン博士は真剣な表情でわたしの顔をじっと見つめながら言います。

「河合さん、ホ・オポノポノのクラスに経済的な理由から参加することができない人がたくさんいます。そういう人たちのためにも、この本を書いてください」

「わかりました。わたし自身が実践者の一人です。実践者の視点からできるだけわかりやすく書かせていただきます。特に、自分がホ・オポノポノをやっていて疑問に思ったり、わかりづらいと感じたりしている部分が明確になるよう書きたいと思います」

そして、ヒューレン博士がこう付け加えました。

「大切なのは純粋な心でこの本を書いてほしい、ということです。本がどれだけ売れるのか、本がどのように人の人生に違いを作るのかは、二人の心のクリーニングの度合いによって変わってくるのです。つまり、河合さんと錦織さんの心がどれだけ純粋であるかによるのです」

使命感なのでしょうか。わたしの胸に、何か熱いものがこみ上げてきました。

読む必要のない本

ヒューレン博士へのインタビューも夕方になろうとしていました。第6章の「ホ・オポノポノとビジネスQ&A」のインタビューをしていたときのことです。

ヒューレン博士が突然こう言ったのです。

「第6章は、ページを開いただけで情報がクリーニングされる」

つまり、この章は読まなくてもいいように作られているのです。ページをぺらぺらとめくるだけで、そのビジネスのQ&Aに関する情報がクリーニングされるように制作されているのです。

ここに、その20項目のQ&Aを転載しておきます。

「職場にとんでもない人がいます。どうしたらいいですか?」

「ノルマをこなすにはどうしたらいいですか?」

「モチベーションが上がらないのですが?」

「売上でナンバーワンになりたいのですが?」

「年収を上げたいのですが?」

「妻が仕事に理解がないのですが?」

「出世したいのですが?」

「失業中ですが、いい仕事を見つけるにはどうしたらいいですか?」

「やりがいのある仕事はどうやって見つければいいですか?」

「忙しくて時間がないのですが？」

「募集しても人がうまく集まらないのですが？」

「周りに思いやりのある同僚がいないので、いつも嫌な思いをしています」

「資金繰りが苦しいのですが？」

「スタッフが自分の思ったとおりに動いてくれません」

「取引先から無理難題を言われて困っています」

「人材が育ちません。また、スタッフがすぐに辞めてしまいます」

「売上が減少して困っています」

「クレームを防ぐにはどうしたらいいですか？」

「同業者との競争に打ち勝つにはどうしたらいいですか？」

「会社の将来を考えると不安でなりません。業界自体の将来性がありません」

この質問に対する答えが第6章には書いてあるのですが、それを実際に読まなくても、答えが書いてあるページを開いただけで、その問題の情報がクリーニングされるそうなのです。

極端なことを言えば、この本は買わないで本屋さんで立ち読みして、ページをぺらぺらとめくるだけでもいいのです。

まさに読まなくていい、夢の本なのです。

I love you 前世は海草だった?

結局、インタビューは午前11時からスタートし、夜の8時に終わりました。途中2回の食事と写真撮影の時間がありましたので、実質6時間程度のインタビューです。

「ヒューレン博士、お疲れさまでした。おかげさまで、第1章から第8章までの内容をすべてインタビューすることができました」と錦織さんが感謝の言葉を述べると、

「君たちが聞きたいことを全部聞き終えたから、インタビューが終わったのではない。この間、ずっと君たちのことをクリーニングしていた。そのクリーニングがすべて終わったので、インタビューが終わったのだ」とヒューレン博士が言うのです。

「ありがとうございます。それはありがたいですね」とわたしが言うと、

「君たちのことは海草の時代にまでさかのぼって、クリーニングをさせてもらった」と博士。

わたしはビックリすると同時に、自分はいったいどんな海草だったのだろうかと考えて、ちょっぴり愉快になってしまいました。

ヒューレン博士が言うには、この本を出版するためには、それに関係する人、会社をクリーニングする必要があるというのです。すなわち、ライターであるわたし、編集者の錦織さん、写真家、出版社、印刷会社、紙の会社、販売ルートなどです。

それぞれの会社名、住所、担当者名を英語でヒューレン博士にお渡しして、クリーニングをしていただきました。もちろん、わたしも毎日クリーニングをしています。

このクリーニングの方法は、ビジネスに関する共通のクリーニング方法です。つまり、取り扱う商品やサービス、会社自体、関係するスタッフ、関係する取引先などをクリーニングすればいいのです。

I'm sorry

ソフトバンク クリエイティブ訪問

2008年12月5日午前7時、わたしと錦織さんは、赤坂にあるソフトバンク クリエイティブでヒューレン博士たちを待っていました。

というのは、『豊かに成功するホ・オポノポノ』の発売元のソフトバンク クリエイティブについては、ヒューレン博士自らクリーニングのために訪問したいということになり、時間調整した結果、その日時にソフトバンク クリエイティブを訪問することになったからです。

午前7時ぴったりに、ヒューレン博士たちがタクシーでソフトバンク クリエイティブに到着いたしました。

わたしと錦織さんが出迎え、ヒューレン博士、ベティ、マスター・セミナー・コーディネーターのメリー・コーラー女史の3人を1階の応接室に案内いたしました。

早朝だったので、錦織さんが自分でお茶を入れ、博士もひと口お茶を飲みました。

自己紹介が終わったところで、錦織さんが「今回は弊社にわざわざお越しいただき、誠にありがとうございます。本来ならばわたしの上司がごあいさつすべきところですが、早朝のためおりませんが、ご容赦ください。また、クリーニングをしていただけるということで、とても光栄に思います」と言うと、ヒューレン博士は「錦織さん、お礼を言わなくてはならないのはわたしのほうです。これは、わたしにとって素晴らしいクリーニングの機会なのですから」と言うのです。

とても和やかな雰囲気になったところで、錦織さんが「では、博士、クリーニングをお願いします」と言うと、ヒューレン博士は「いや、もう終わりました」と言うのです。

わたしと錦織さんは博士の冗談だと思って笑いました。わたしが「ヒューレン博士、今玄関に到着して、応接室に着いたばかりじゃありませんか」とほほ笑みながら言うと、ヒューレン博士は真顔で「全部終わりました。地下室にも行きました」と言うのです。

錦織さんは、わたしの顔を見ながら「確かに地下室はあるのです」と苦笑いをしています。

すると、ヒューレン博士がこう言ったのです。「このビルには背骨が曲がっている人がいるでしょう。その人のことはクリーニングをさせていただきました」

錦織さんは「あっ。それってうちの社長のことだと思います」と神妙に言うのです。

続いてのヒューレン博士のひと言に、みんな目を丸くしてしまいました。

「錦織さん、ここで働いている人の多くが自分が誰であるかを知りません。それで魂が抜けかかっているので、このビルが苦しんでいます。その情報をクリーニングさせてもらいました」

錦織さんはただ「ありがとうございます」と言っていましたが、わたしは驚きを通り越して、吹き出しそうになってしまいました。というのは、ソフトバンク クリエイティブの社員たちが、抜け落ちそうになっている魂を抱えながら働いている姿をつい想像してしまったからです。

というわけで、あっという間にソフトバンク クリエイティブのクリーニングは終わってしまったのです。

Please forgive me

『豊かに成功するホ・オポノポノ』の秘密

『豊かに成功するホ・オポノポノ』には、制作する過程で作られた、知られざる使い方がいくつかあります。

一つは、前に述べた第6章の「ホ・オポノポノとビジネスQ&A」に関することです。この章は、ページをぺらぺらとめくるだけで、情報がクリーニングされるように作られています。

次に、『豊かに成功するホ・オポノポノ』の各ページの隅に注目してください。これはソフトバンク クリエイティブの錦織さんのインスピレーションによるものです。各ページの四隅にホ・オポノポノの四つの言葉が英語で書かれています。すなわち、「I'm sorry.」「Please forgive me.」「Thank you.」「I love you.」です。

ですから、第6章のように個別のビジネスの問題の情報がクリーニングされるわけではありませんが、読者は知らず知らずのうちに、自然とクリーニングされる、癒されるような仕組みになっています。

宇都宮在住のたじまさんという方は、この本を2冊購入し、1冊を睡眠薬代わりに使ってらっしゃいます。就寝前にぱらぱらとページをめくってから寝ると、不思議なことにぐっすりと眠れるそうなのです。

そして、最後の秘密ですが、この本自体がクリーニングツールになっています。『豊かに成功するホ・オポノポノ』だけでなく、すべてのホ・オポノポノの本は、制作にあたりクリーニングをしています。ヒューレン博士はもちろんのこと、関係者がずっとクリーニングをしています。

もちろん、わたしも毎日クリーニングを続けています。

本のパワーというものは、本の著者、出版社、編集者、写真家、印刷会社など、すべての関係会社、関係スタッフのクリーニングの度合いに大きく影響を受けます。

ヒューレン博士曰く「旅行や出張のときに、この本を持っていくといい。お守り代わりになる」「海外旅行に持っていくと時差ぼけにならない」とのことです。

ソフトバンク クリエイティブの錦織さんは「家の東西南北に置くといいです。そうすると結界が張られて家が守護されます」と言っています。わたしも家にたくさん『豊かに成功するホ・オポノポノ』を置いています。すなわち、玄関、キッチン、トイレ、リビング、寝室、オフィスの机と書棚の7ヵ所です。

車のダッシュボードに置いておくと、道に迷わずに目的地にすんなりと到着するから不思議です。

わたしの福岡講演会のときのことです。

集中豪雨に見舞われて道路が寸断され、北九州から福岡へ移動するときに、カーナビが役に立たないことがありました。というのは、カーナビどおりに行っても、道路が通行止めになっていて、先に進めないのです。このままでは福岡の講演会に間に合いません。

そこで、この本をカーナビの横に置いたところ、そのあとは一度も通行止めにあわず、奇跡的に福岡に到着することができたのです。もちろん、講演開始時刻に十分間に合うことができました。

これは本当に不思議な体験でした。

Episode 4 「来世会わなくていい」

わたしの地元・横浜で初めて開催されたクラスのあと、『豊かに成功するホ・オポノポノ』のサイン会があり、その後、ヒューレン博士を囲んでみんなで食事をする機会がありました。そのときの会話です。

「河合さん、今あなたのことを一生懸命にクリーニングしている」とヒューレン博士が笑みを浮かべながら言います。

「ああ、そうですか。それは光栄です。ありがとうございます」と喜ぶわたし。

「完全にクリーニングしてしまえば、来世会わなくて済むからね」と博士。それを聞いてみんな大笑いです。

「そうなんですか」とわたし。

「そうだよ。今生クリーニングしてしまえば、来世で二度と会わなくていいんだよ」と博士。

どうもそうらしいのです。今生誰かに出会うということは、お互いにクリーニングすべきものがあるから、出会うわけなのでしょう。

ですから、それが完全になくなってしまえば、会う必要がない、ということになるのでしょう。

Episode 5 「ファミレスでの奇跡」

広島でわたしの講演会のコーディネーターをしてくれている一也君が、わたしの家に泊まりに来ることになりました。横浜で開催されるホ・オポノポノのビジネスクラスに参加するためです。

一也君は仕事の事故の影響で下半身が動かなくなり、今は車いすの生活をしています。

そこで、わたしが新横浜駅へ車で迎えに行くことになりました。

新横浜駅に到着したのが午後7時半過ぎだったので、そのまま食事に行くことにいたしました。

車いすの乗り降りが楽で、駐車も楽なファミリーレストランで食事をしようと思いましたが、新横浜はわたしの家から離れているので、その周辺のファミレスはよく知りません。

「どこにしようか」と考えたとき、突然わたしの頭に浮かんできたファミレスがありました。

そのファミレスはハンバーグとステーキの専門レストランで、わたしは15年ほど前に一度行ったきりのところでした。場所も新横浜からかなり離れていて、今になるとなぜそこに決めたのか自分でもよくわかりません。

一也君に「ハンバーグとかステーキとか、好きでしょ?」と聞くと「だいじょうぶです」と言うので、すぐにそちらへ向かいました。

金曜日の夜で、よくよく考えてみると一番混んでいる時間帯でしたが、車いすが降ろしやすくて、入り口から近い場所に車を停めることができました。

お店に入ってみるととても混んでいて、30分ほど順番を待つことになりました。今考えると、よく入り口近くに駐車できたと思います。

そして、驚いたのがお店のなかに巨大なトーテムポールがあったことです。さらに驚いたのは車いす用のトイレがあったことです。

わたしがファミレスで車いす用のトイレがあるのを見たのは初めてのことでした。一也君曰く、「ファミレスで車いす用のトイレがあるのは珍しい」とのことです。

本当に不思議な体験でした。そして、いまだになぜあのお店に行きたくなったのか、自分でもわかりません。

すべてが完璧でした。

Episode 6「家にクリーニングの方法を教える」

ある日のこと、すべての存在に意識があり、家や会社にも意識があるので、クリーニングの方法を教えることができるということから、わたしも「家にクリーニングの方法を教える」ということをやってみようと思いました。

玄関（玄関かダイニングキッチンか迷いましたが、インスピレーションで玄関にしました）の靴箱の上に、ベーシック1クラスのマニュアルとクリーニングツール・ブックを置いて、「家さん、クリーニングをしたいのなら、どうぞやってください」と言いました。

しばらくすると「パチ！　パチ！　パチ！」という音が、あちこちの部屋から聞こえ始めたのです。

完全なポルターガイスト現象です。どうもこれは、家がクリーニングを始めたことの証のようです。

そして、1週間ほどして、家内がその年初めて庭の雑草とりを1日かけて行うなど、リアルでの家のクリーニングが始まりました。

わたしは密かにニヤニヤしていたのですが、久しぶりに土日とも何も予定がなく、家でのんびり過ごしていると、家内から「家の周りを掃くといい運動になる。近所の人からも尊敬されるわよ」と言われたのです。

これは「掃除をしなさい」という家内からの命令で、拒否できないととっさに思ったので、家の周囲（角地なので3面になります）をほうきで掃き掃除をしたのです。

お恥ずかしい話ですが、生まれて以来50年間で、2回目、そしておそらく5年ぶりのほうきによる掃き掃除となりました。

家の周囲を掃除することによって、心のなかのクリーニングが進んだように思うのは、気のせいでしょうか。

そして、家が喜んでいるようにわたしには思えるのです。

第3章
生死をさまよう

Thank you

胸が痛い

２００８年12月29日午前11時過ぎ、わたしは左胸に激しい痛みを感じていました。

その年は12月26日が御用納めの金曜日で、わたしは自分の会社の業務もあり、27日から本格的に『豊かに成功するホ・オポノポノ』を書き始めていました。

ちょうど自宅２階にある会社のオフィスから、パソコンで会社の支払いを送金していたのですが、支払い作業を止めるわけにはいかないので、クリーニングをしながらなんとか作業を続けました。

１時間後、ようやく支払い処理が終わったので、自宅の寝室で横になりながらずっと胸に向かって「ごめんなさい。許してください。ありがとうございます。愛しています」と言っていました。

すると、痛みがウソのように消えていったのです。

ホッとしたせいでしょうか、「お腹が空いたな」と思い、１階へ降りて台所でうどんを作って、家内とお昼を食べることにいたしました。

薬剤師でもある家内は、とても心配をしていました。

「それって、心臓じゃないの？　病院に行ってきたら？」

「だいじょうぶだよ。もう痛くないし……」とわたし。

「心配だから病院へ行って！」と家内。

「もう御用納めを過ぎているから、病院だってやってない。来年行くから」とわたし。

するとさ家内は、なにやら電話をし始めました。

しばらくして家内が「今ここの病院なら心臓の先生がいらして、直接見てくれるって言うからすぐに行って！」と言うのです。

わたしは家内に根負けして、その病院に行くことにいたしました。自分で車を運転して30分ほどかけて行ったのですが、あとで先生から驚かれることになります。

実は、胸の痛みは心筋梗塞だったのです。

心筋梗塞の場合、病院に到着する前に亡くなってしまう方が、半分近くもいるそうなのです。

後日、主治医の先生に書いていただいた診断書には「倒れて救急車で運ばれ……」と書いてあったのですが、訂正していただくのも申し訳ない気がしたので、そのままいただいておくことにいたしました。

I love you

緊急入院

横浜の能見台にある神奈川県立循環器呼吸器病センターに到着すると、すぐに専門の先生が診てくれました。

血圧、血糖値、心電図、どれも正常です。ところがある検査の数値を見て、先生の顔色が突然変わりました。

それは血液検査の一つで、血栓ができてそれが流れ出たことがわかる指数があるのですが、それがものすごい異常値を示していたのです。

「心筋梗塞の疑いがあります。すぐにカテーテル検査をしましょう」と先生に言われました。

ところが心臓カテーテル検査※をすることになると、検査だけでも2泊3日の入院をすることになります。さらにはもし異常が見つかり、血管を広げるステント・バルーン手術をすることになると4泊5日の入院になると先生から聞かされて、わたしは考え込んでしまいました。

「先生、明日、僕は忘年会の幹事をやるのです。ちょうど昼間の宴会なので、夕方寄りますから、それでいいですか?」とわたしが言うと、先生はひと言、言いました。

「河合さん。命、なくなりますよ」

わたしはついに観念して、カテーテル検査を受けることにいたしました。

今なら迷いなくカテーテル検査を受けることにしたのでしょうが、当時なぜそんなに躊躇したのかわかりません。翌30日に支払う予定だった会社の支払いや、わたしが理事長を務める事業協同組合の支払いも、家内にすべて頼むことにいたしました。

わたしは、そのままストレッチャーに載せられ、カテーテル室の前まで運ばれました。

わたしはそこで最後の抵抗を試みました。ストレッチャーを10分ほど止めてもらい、ベティや錦織さんや忘年会の別の幹事の方に携帯で連絡をしたのです。

錦織さんは最初なんのことかわからなかったようです。僕の声があまりに元気そうだったので、誰か別の人が入院すると思ったそうです。結局、錦織さんは入院中に3回もお見舞いに来てくれました。

※心臓カテーテル検査
心臓カテーテル検査とはカテーテルを経皮的に心血管に挿入し、造影剤による形態学的異常を検出したり、心臓内腔の圧力、酸素飽和度を測定し血行動態を把握したりする検査のこと。

I'm sorry

楽しい入院生活

カテーテル検査が始まりました。

音楽を流して二人の先生が会話をしながら、ある意味で楽しそうにカテーテルをしていたのですが、わたしの心臓の部分に先端が届くと、会話が途切れてしまいました。

「これはちょっと……」

「かなり厳しいなあ」

そういう声が漏れ聞こえました。

「先生どうですか？」とわたしが尋ねると、先生はこう言いました。

「河合さん、1～2ヵ所詰まっているのならカテーテルで処置できるのですが、あなたの場合6ヵ所が詰まっています。これは、カテーテルで処置するのは難しいです。心臓のバイパス手術しか手だてがありません。しかし、今日は心臓外科の先生がそろっていないので、手術はできません。ついては、このままＩＣＵ※（集中治療室）に入ってもらい、２００９年第1号の心臓バイパス手術ということにしましょう」

ということで、わたしはそのままＩＣＵに入ってしまいました。

新年第1号となったわたしの手術は、1月6日に決まりました。正式な病名は「重症多枝急性心筋梗塞」と診断されました。主治医の先生からは「よく今まで生きていましたね。奇跡です」と言われました。

年末年始ということで、手術前後でＩＣＵにいる患者さんが少なく、比較的ＩＣＵは空いていました。しかも運よく料金が変わらないまま、ＩＣＵの個室に入れてもらうことができたのです。

先生に「退屈だから」と頼んでパソコンを持ち込み、『豊かに成功するホ・オポノポノ』の原稿を書いていました。

海の近くの丘の上にある病院だったので、元旦には看護師さんといっしょに海から上がる初日の出を見ることができました。生まれて初めて見る、海から登る初日の出でした。それはとても感動的なものでした。

元旦は鯛の尾頭付きが出ました。そして、お雑煮にはお餅が三つも入っていました。

看護師さんはみんな美人で、親切な人ばかりです。

いつも厳しい家内も、とても優しくしてくれます。

看護師さん相手に「ＩＣＵってなんの略だか知ってる?」とクイズを出したり、ブルー・ソーラー・ウォーターの説明をしたりするなど、周囲の心配をよそに、わたしは入院生活を密かに楽しんでいました。

※ＩＣＵ＝集中治療室 (Intensive Care Unit)

Please forgive me

遺書を書く

しかしながら、正月三が日が過ぎ、４日になり、５日になるとだんだん心配になってきました。

心臓外科の先生は「任せてください。心配ありませんから」と言うのですが、少しずつ不安になってきました。

「先生、手術時間はどれくらいですか」と尋ねると、「６時間から10時間ぐらいかな」と言うので、「その間、心臓はどうするのですか」と尋ねると、「止めます」と言うではありませんか。

わたしは一挙に不安になってしまいました。

５日の夜、家内と息子が見舞いから帰り、一人で病室にいると、ますます不安が心のなかにわき上がってきました。

医者は「任せてください」と言っていたが、本当のところはどうなのだろうか。

果たして、手術は無事に成功するのだろうか。

もし、死んだらどうなるのだろうか。

ホ・オポノポノしているから、だいじょうぶなはずだ。

いや、そんな期待をしてはいけない。


死ぬかもしれないと思うと、家族に何か残しておきたいという気持ちがわいてきました。

わたしは、生まれて初めて「遺書」というものを書くことにしたのです。


「家内への遺書」

出会ってから30年、今までずっと僕といっしょにいてくれて、どうもありがとう。

そして、こんなにも素敵な二人の子どもたちを生んで育ててくれて、どうもありがとう。

もし、僕が傷つけるようなことをしたとするならば、本当にごめんなさい。許してください。

そして、これからも自分が正しいと思う道を自由に歩んでください。

心から愛している。


「大学2年生の長女への遺書」

パパの子どもとして生まれてきてくれてありがとう。

パパのした過ちを許してね。ごめんね。

これからも自分が正しいと思う道を自由に歩んでください。

心から愛している。


「中学2年生の長男への遺書」

パパの子どもとして生まれてきてくれてありがとう。

パパのした過ちを許してね。ごめんね。

これからも自分が正しいと思う道を自由に歩んでください。

心から愛している。


何かいろいろ書きたいと思ったのですが、結局のところ、これしか書けませんでした。

本当に死ぬとなったら、愛する家族に伝えたいことは結局のところ、「ごめんなさい」「許してください」「ありがとうございます」「愛しています」の四つの言葉になってしまったのです。

翌朝の朝8時。手術に立ち会うために家内と長女と長男が病室にやってきました。

島根県の大学に通っている長女は、バイトの関係で、年末年始は横浜の実家に帰れず、たまたま5日から7日まで横浜の実家に戻る計画を立てていました。家内もそれに合わせて職場で有給休暇をとっていました。すべてがわたしの手術のために計画されていたかのようでした。

「これは遺書じゃないよ」とわたしは笑って、遺書を家内、長女、長男に渡したのです。

心臓バイパス手術

２００９年1月6日、8時間にわたる心臓バイパス手術が終わりました。

左足の太ももから6本の静脈を採取し、そのうち良質な2本の静脈を心臓の血管として移植するとともに、心臓の真裏の動脈を心臓に直結するという大手術を行いました。もちろんその間、心臓は止めていました。

当初は、詰まっている6ヵ所すべてにバイパス手術をする予定でしたが、直前の検査で3ヵ所の手術でいいことになりました。

実は、ICUにいる間、わたしは心臓に向かって「今まで無理をさせてごめんね。放っておいたことを許してください。今まで一生懸命動いてくれてありがとう。今もこれからもずっと慈しみ、大切にするよ」と言い続けていたのです。

友人のヒーラーの森めぐみさんも、京都から遠隔でヒーリングパワーを送ってくれていました。

その成果もあったのでしょう。3ヵ所の手術で済んだのです。

さて、今は医学が進んでいて、手術の様子をパソコンのモニター画面で見せてくれるそうです。

実は、長女は「医龍」や「救命病棟24時」などの医療ドラマの大ファンだったので、モニターを見ながら、わたしの心臓バイパス手術について先生に質問をしたそうです。

「これはオン・ビートですか。オフ・ビートですか」と（オン・ビートは心臓を動かしたままの手術。オフ・ビートは心臓を止めての手術）。

家内も心臓の周りの黄色い塊を見つけて「あれは脂肪ですか?」と質問をしたそうです。女性たちの強さには本当に驚かされます。わたしだったら、長女や妻の心臓の手術の様子をモニターで見たら、卒倒してしまうと思います。

I love you

許し

6日の朝の8時半に手術室に入ったわたしが麻酔から目を覚ましたのは、翌日の夜の10時でした。気がつくと、全身にチューブが10本もついていました。

目覚めた当初こそ元気だったわたしですが、今思うとこの麻酔から覚めた7日の夜が一番危険な状態であったのではないかと思います。

実は、しばらくすると心臓が痛くなってきたのです。慌てて心電図をとる看護師さん。医師と何か難しい顔をして話をしているのが見えます。

その当直の女医さんから「特に心電図に異常はないですょ」と言われても、不安な気持ちはなかなか抑えられません。

果たして、本当のことを言っているのだろうか。

もう助からないので、気休めを言っているのではないのか。

自分がいるICUには続々と救急患者が運ばれてきます。患者のうめき声や必死に治療をする医師の声がカーテン越しに漏れ聞こえてくるのです。

そして、なかには急に静かになってしまう部屋もあるのです。ひょっとすると亡くなってしまったのかしら……。そう思うと、いっそう不安でなりません。

そこへ一人のベテラン看護師さんが現れました。1週間もICUにいたので、わたしはほとんどの看護師さんと知り合いになっていました。

今思えば悪気のないことはわかるのですが、わたしの顔を見るなり、ほかの看護師にこう言ったのです。

「ねぇ、河合さん、だいじょうぶ？　顔色がさっきと変わってるわょ。何か違うわね」

わたしは「なんでそういうことを言うの。不安になるからそういうことは言わないで」と声を振り絞ります。

担当の若い看護師さんも彼女に抗議したのですが、もう後の祭りです。

このひと言がダメ押しとなり、わたしはパニックになってしまい、ついには過呼吸に陥ってしまいました。

さすがに、彼女も悪いことを言ってしまったと思ったのでしょう、しばらくするとわたしのそばについて額の汗を拭ってくれたり、心配そうに顔をのぞき込んだりしています。体温は38度4分ありました。

最初のうちは「そんなことしなくていい」「ウザイ！」と思って怒っていましたが、しばらくすると別の気持ちがわいてきました。

彼女を許すことにしたのです。

そして「いったい、わたしの潜在意識のなかの何が原因で、彼女にあのようなことを言わせてしまったのだろうか。ごめんなさい。許してください。ありがとうございます。愛しています」とクリーニングを行うことにしたのです。

すると不思議なことに、彼女に感謝する気持ちがわいてきたのです。

額の汗を拭いてくれている彼女の手を握り、「ありがとう」とつぶやきました。

彼女はにっこりと笑い、わたしの手を握り返してくれました。

これがわたしの病状の転機となったのです。

I'm sorry

ウニヒピリと出会う

意識が朦朧《もうろう》とするなかで、何度か夢のようなものを見ました。

まず、ヒューレン博士が現れ、笑いながらわたしを優しく叱るのです。

「河合さん、いったいいつまで自分のことを疑っているのかな。あなたはわたしと本を書くことになっているのだから、心配ないと言っただろう。いい加減にしなさい」

そして、わたしは生まれて初めて自分のウニヒピリ※に出会うのです。

ウニヒピリは、わたしが想像していたようなかわいらしい子どもの顔ではありませんでした。確かに子どもなのですが、全身が岩でできているのです。顔はまるで大魔神のようで、怒った顔をしていました。それなのに、どこか物悲しく、寂しい顔をしているのです。

わたしは、ウニヒピリに向かって言いました。

「僕はまだ生きたい。やりたいことがたくさんある。どうか助けてください」

すると、ウニヒピリは怖い顔をしたままわたしに答えました。

「では、もう一度だけチャンスをやろう」

そこでわたしは意識を取り戻しました。すると担当の若い看護師さんが「河合さん、深呼吸しましょう。呼吸を整えましょう」と言ってくれたのです。

わたしは看護師さんといっしょに深呼吸する練習を始めました。

しばらくすると心臓の痛みもなくなり、わたしの病状はみるみる回復に向かっていったのです。そしてなんと翌日の夜には食事ができるようになったのです。

※ウニヒピリ
潜在意識。インナーチャイルド。子どものような存在として現れ、魂のメモリーバンク、記憶庫を管理しています。あらゆる感情の源泉。詳しくは『ウニヒピリ』をご参照ください。

人生を成功させる最大の秘訣

手術が無事に終わって意識が回復したときに、気づいたことがありました。

それは、身体（心臓）に対してやっていたことを、ウニヒピリや家内にもやっていた、という思いです。

つまり、心臓へ通じる血管が6ヵ所も詰まるようなことを、ウニヒピリや家内にもやっていた、ということです。

医師や、薬剤師である家内の言うことも聞かず、健康を省みず、ひたすら暴飲暴食を続けて身体に無理をさせてきたことが、「重症多枝急性心筋梗塞」という結果になりました。

同様に、自分が本当にやりたいことではなく、さらには、してはいけないとわかっていることまで、義理・見栄・虚勢・世間体・快楽のために、自分の心にウソをついて、行動をしてきたことが、どれだけ自分の魂＝ウニヒピリを傷つけてきたか、ということです。

それが大魔神のようなウニヒピリを作ってしまったのです。そして、結婚してから20年以上、ずっと家内のことを傷つけてきたのです。

わたしの人生観も変わりました。

「これからは、本当に自分がやりたいことだけをして生きる」と決意したのです。

もし今、誰かに「人生を成功させる最大の秘訣はなんですか?」と尋ねられたら、わたしは躊躇なく「自分を愛すること」と答えるでしょう。

では「自分を愛すること」とは、いったいどういうことなのでしょうか。

「自分を愛すること」というと、「自己中心的な考えになれ」と言っているように聞こえるかもしれませんが、わたしが言っていることは「欲望を満たせ」ということではありません。

もちろん、自分を好きになるとか、自分の身体を慈しんで大切にするということも含まれています。

しかし、わたしが特に強調して言いたいことは「本当に自分がしたいことをする」ということなのです。「魂が欲することをする」と言ってもいいと思います。ホ・オポノポノ的に言えば「ウニヒピリが望むことをする」ということなのかもしれません。

欲を満たすことではなく、自分の魂が喜ぶことをすることが、自分を愛することになるのです。

それなのにわたしは、自分のことや家族のことを後回しにして、世間体のために、見栄のために、現実世界から逃避するために、他人に奉仕すること、貢献すること、もっと言えば、お世話をすることを第一にして、いつもやせ我慢や無理を続けてきたのです。

その結果が「重症多枝急性心筋梗塞」という病気となって現れたのです。

本来、人は「自分を愛することだけのために生きる」としても、その人生は十分な価値があると言えるのです。

「誰かのために生きる」のではなく、「何かのために生きる」のでもなく、「自分のために生きる」のです。それが人生の最大の役割なのですから。

ありがとう！ 心筋梗塞さん

手術が終わってから1週間後、わたしはＩＣＵから一般病棟へ移りました。

一般病棟へ移ると、大勢の方がお見舞いに来てくれました。延べ50人以上の方が、ありがたいことに来てくれたそうです。

お見舞いに来られた方の多くが、わたしが心臓バイパス手術をしたと聞いて、今にもわたしが死ぬのではないかと考えていたようですが、わたしがあまりにも元気そうだったので、ビックリした様子でした。

それどころか「人生を成功させる最大の秘訣はなんだと思いますか？」という質問をして、さんざん答えを聞いたあとに「それは自分を愛することです」と叫んで、ミニ講演会のようなことをしていたらしく、お見舞いに来られた方には大変な迷惑をおかけしたようです。

自分の身体（心臓）、自分の魂（ウニヒピリ）、自分の家族はすべてつながっていました。

そのすべてをないがしろにしてきたことの結果が、今回の心筋梗塞での入院でした。

心筋梗塞になったことが、精神的にも肉体的にも、自分を愛すること、慈しむことの大切さを教えてくれたのです。

後日、ベティから聞いた話では、わたしが心筋梗塞で入院したということをヒューレン博士は聞いて「これで河合家のクリーニングが始まった」とおっしゃったそうです。

また、退院後ヒューレン博士からは「河合さんには『他人のことよりも、自分自身のクリーニングをしなさい』と何度も言ったのに、聞こえていなかったようだね」と言われました。貴船でインタビューをしたときにそのように言われたのだと思いますが、わたしにはまったく記憶がないのです。おそらくまったく聞こえていなかったのでしょう。


生死をさまよう体験をしたことは、当然のことながら『豊かに成功するホ・オポノポノ』に大きな影響を与えています。

本の企画内容である章立てこそ変わっていませんが、文章の表現や強調したい部分などに「自分を愛すること」の大切さをちりばめて書かせていただきました。

ホ・オポノポノでは「クリーニングはまず自分自身から」というのが大前提となっています。それをわたしが心と身体すべてで受け入れるために、今回の心筋梗塞は必要必然なことだったのだと思っています。

逆に心筋梗塞にならなかったら、『豊かに成功するホ・オポノポノ』は書けなかったのではないかと思います。

ホ・オポノポノの本を書くということは、ライターにとって、ある意味で〝命がけ〟と言えるかもしれません。それくらいクリーニングが必要とされることなのです。

ですから、『豊かに成功するホ・オポノポノ』を書くことが決まった時点で、わたしが心筋梗塞になることが決まっていたのだと思います。

そして、心筋梗塞はわたしの人生そのものさえも変えてしまいました。

これからは自分の身体と心、そして愛しい妻を大切にしたいと思うのです。自分自身を愛し慈しみ、家族を愛することに残りの人生をかけたいと決意したのです。


心筋梗塞さん、教えてくれて本当にありがとう!!

Episode 7「過去をクリーニングする」

クリーニングする対象として、自分を取り巻く現在の問題や自分の将来の目標などを考えがちですが、過去の人生についてクリーニングすることもとても大切です。

2009年12月10日に、大阪で開催された『豊かに成功するホ・オポノポノ』のサイン会での出来事です。

サイン会終了後、たまたま大阪で業界団体の公務があり、そのために珍しくスーツを着ていました。

するとヒューレン博士が「スーツを着ているなんて珍しいな。まるで銀行員みたいじゃないか」と言うのです。

「ヒューレン博士、僕は大学を出てから銀行員をしていたのです」と答えると、ベティが「どちらの銀行にいらしたのですか」と尋ねるので「横浜銀行です」と答えました。

するとベティが「河合さん、横浜銀行のことはクリーニングしていますか」と言うので「えっ、していません……」と答えると、それをベティがヒューレン博士に通訳いたしました。

するとヒューレン博士は笑いながら「おお、河合さん、横浜銀行のクリーニングをしていないのか。過去もクリーニングしなさい」と言うのです。

そうでした。すっかりわたしも忘れていました。

「今生で出会うすべての人は、それぞれ自分にクリーニングする機会を与えるために出会っている」ということは知識としては知っていましたが、実際にクリーニングをすることはしていませんでした。

過去の人生をクリーニングすることによって、わたしは初めて自分の人生を自分の手でスタートさせることができたのです。

Episode 8 「妻の涙」

家内と長女と3人で朝食を食べていたら、家内の大きな瞳からみるみる涙がこぼれ出しました。

わたしが何事かとビックリしていたら……、

「パパが入院してからちょうど1年。

……1年間……頑張り……ました……」

と途切れそうな声で家内が言うのです。


そうです。今日は2009年12月29日。

わたしが心筋梗塞で入院してから、ちょうど1年が経ったのです。

家内があのとき、わたしに「病院に行って！」と言わなかったら、わたしはこの世にはいなかったでしょう。

妻へ

ありがとう。

愛している。

これからもよろしくネ！

Episode 9 「息子からの初メール」

ホ・オポノポノの体験談を語るわたしの講演は、確かにホ・オポノポノを切り口としていましたが、実は根底のテーマは「自愛」と「家族愛」です。

特に、2010年6月20日の浜松の講演会からは、従前にも増して「家族愛」をテーマとして、講演をさせていただくようになりました。

その浜松での講演会「人生はクリーニング!!」には140名もの方に参加していただきました。

そして、50名の方が参加した懇親会も終わり、現地のコーディネーターやボランティア・スタッフの方々とお茶を飲んでいたときのことです。

わたしの携帯に1通のメールが着信いたしました。

高校1年生の息子からのメールでした。

長男には、高校生になるまで携帯を持たせなかったので、テストメールを除くと、このメールが息子からもらった最初のメールということになります。

『父の日、おめでとうございます！

考えてみれば、パパと過ごして15年ですが、きちんと感謝の言葉をあまり言った覚えがありませんでした。

やっぱり面と向かって言うのは恥ずかしかったんだと思います。

なのでメールで伝えます！

お父さん!!

ありがとう。心から感謝しています。

これからも優しいお父さんでいてください』

思わず泣きそうになってしまいました。

きっとこれは、わたしの浜松での講演に対する、宇宙からのプレゼントだったのに違いありません。

第4章

完璧なことが起き続ける

I love you

気づいたら書けていた！

２００９年1月29日、わたしは無事に神奈川県立循環器呼吸器病センターを退院することができました。

『豊かに成功するホ・オポノポノ』は、当初の予定では年末に原稿を完成させる予定でしたが、わたしが入院した関係で、原稿の締め切りが1ヵ月半延長になっていました。

発売予定も当初の2月末の予定が、4月末に変更になりました。

ところが、2回目の締め切りの2月16日になっても、まだ原稿が１００ページ分ぐらいしか書けていません。

貴船でのインタビューでは、ヒューレン博士の質問への回答のほとんどが「クリーニングをしなさい」とか「ゼロになりなさい」ということだったので、テープ起こしをしたヒューレン博士の答えを章構成に沿って貼り付けていっても40ページぐらいにしかなりませんでした。

『みんなが幸せになるホ・オポノポノ』では3日間インタビューをしたと聞いていたので、ようやくホ・オポノポノの本を書くことの難しさに、遅まきながら気づかされたのです。

そこで、インタビュー以外でヒューレン博士からお聞きしたお話や個人の体験談などを加えて、やっと100ページ分になったのが2月16日のことでした。

錦織さんからは「あと1週間延長しますから、なんとか原稿を完成させてほしい」と言われましたが、正直言って、わたしもどうしたらいいものかわからず、考え込んでしまいました。

とにかくやるだけです。

それから1週間、毎晩2~3時間ほどパソコンに向かいました。

当時は、二つの会社の社長だけでなく、公益法人の副会長、協同組合の理事長、NPOの理事長など公職もあって、多忙を極めていました。そのなかで時間を確保するのは、大変なことだったのです。

1週間後、錦織さんからお礼のメールが届きました。「とんとんさん、がんばりましたね。本当にありがとうございます」と……。

わたしは、今でもどうやって書き上げたのか、あまり記憶がないのです。「気づいたら、できていた」というのが率直な感想です。ヒューレン博士が貴船でのインタビューのときに、「ゼロになれば、本が本を書き始める」と言ったその言葉の意味が、やっとわかったのです。

もちろん、ずっとクリーニングをしながら書いていました。自然と言葉があふれ出てくる、そんな感じでした。

後に、ヒューレン博士から「この本は河合さんの本ではない。『神聖なる存在（Divinity）』の本だ」と言われたのですが、わたしもそのとおりだと思うのです。

というのも、今読み返してみると、いったいこんな文章を誰が書いたのだろうかと思うくらい、素晴らしい言葉が並んでいるのです。自分ではそのような文章を書いた記憶がまったくないのです。

とにかく不思議な体験でした。

ビジネスに必要なのは愛とクリーニングだけ

２００９年４月24日、『豊かに成功するホ・オポノポノ』は、全国の書店の店頭に並び、販売が開始されました。

おかげさまで、いきなり５月のアマゾンのビジネス・自己啓発部門で月間１位を獲得するなど、ベストセラーとなったのです。そして、その後も順調に売れ続けています。

4月初旬にアマゾンで予約開始となったのですが、刻々と上昇する順位を見ていたら、中旬にアマゾンで総合7、8位にまで上昇したのには本当にビックリいたしました。

錦織さんとは毎日メールでやり取りをしていたのですが、「このままいけば、総合1位になるのも夢ではない。もっとミクシィやブログなどで、お互いに宣伝をしていきましょう」ということになり、「よし、がんばるぞ！」という気持ちになっていたのですが、情報を共有していたベティから次のようなメールが突然届きました。そこには次のように書いてあったのです。

「ヒューレン博士からのメッセージをお伝えします。操作のような不自然なことはやめてください。あなた方にとって必要なことは、この本を愛し、クリーニングをすることだけです」

わたしと錦織さんは、そこで宣伝活動をすることをやめることにいたしました。

ビジネス書の世界での常識では、通常キャンペーンのようなことをやって、たくさん購入してくれた人には割引をしたり、無料セミナー券をプレゼントしたりするなどの販促活動を行います。なかには、アマゾンで○時○分に一斉に本を買うように依頼して、順位を瞬間的に1位に押し上げて「アマゾンで1位獲得!!」のようなことを宣伝に利用することもあります。

『豊かに成功するホ・オポノポノ』はそういったことは一切していないのです。それなのにベストセラーになった（5月のアマゾンのビジネス・自己啓発部門で月間1位）ということは、常識では考えられないことだと思うのです。

ホ・オポノポノでの常識は、世間一般の常識とは異なります。いや、「常識というものが一切ない」と言ったほうがいいのかもしれません。

本が出版されて、ヒューレン博士に最初に再会したときに、わたしが「『豊かに成功するホ・オポノポノ』はどうですか？」と尋ねると、ヒューレン博士から「それはいったいどういう意味かね？」と逆に尋ねられてしまいました。「感想を聞いているのです」とわたしが言うと、ヒューレン博士は「それにどういう意味があるのかな。愛しているか、という質問ならわかるが」と言うのです。

そして逆に、「あなたは『豊かに成功するホ・オポノポノ』を愛しているのか？」と尋ねられてしまいました。わたしは考えてもみなかった質問だったので「さあ、よくわかりません」と答えると、「おお、なんてかわいそうなんだ。この本は河合さんのベイビーなんだよ。あなたに必要なことはこの本を愛することです」と言われたのです。

それ以来、わたしはずっと『豊かに成功するホ・オポノポノ』を愛し続けています。自分の愛しい子どものように……。

Please forgive me

サイン会での不思議

2009年4月26日、ホ・オポノポノ・ビジネスクラス終了後にリブロ池袋本店で『豊かに成功するホ・オポノポノ』の発売を記念して、ヒューレン博士のサイン会があり、わたしもヒューレン博士に同行して光栄にもサインをすることになりました。

ちょうど2日間のホ・オポノポノのクラスが丸ビルで開催されていたので、サイン会へ向かうため、ヒューレン博士と丸ビルのエレベーターに乗っていると、途中の階から数人の目つきの鋭い、がっしりした体格のグループが乗り込んできました。そしてすぐに途中の階で降りていったのです。

すると博士がわたしにこう言うのです。「ここで出会う確率は65億分の1だよ。なんという奇跡だろうか」

そして、こうも言うのです。「河合さん。これもクリーニングのチャンスだよ。意味があって、われわれはこの人たちと同じエレベーターで出会っているのだ」

サイン会場へは、タクシーで移動いたしました。

同乗者は、ヒューレン博士、ホ・オポノポノ・アジア代表のベティ、ソフトバンク クリエイティブの錦織さん、そしてわたしの4名でした。ところが会場に早く到着してしまったので、時間調整のため、池袋西武百貨店の横にあるスターバックスへ行くことにいたしました。

そのスターバックスはビル全体がスターバックスの店舗になっていて、1階が飲み物を買うところで、2階・3階が飲み物を飲む場所となっていました。

飲み物を買う列が長くできていたのを見たベティが「わたしと博士が飲み物を買いますから席の確保をお願いします」と言うので、わたしが2階、錦織さんが3階担当ということで空席を確保することとなり、階段を上り始めました。

ところが、日曜日の夕方で2階も3階も超満員です。しかも、席が空くのを待って並んでいるグループがいくつもあるのです。

わたしはすぐに下りていって、ヒューレン博士に「満席だし、待っている人もいるからほかへ行きましょう」と話すと、「飲み物を買うころには席が空くだろう」と博士が言うのです。

反論しようかと思いましたが、博士にはきっと未来が見えるのかも……と思い、わたしは素直に2階へ戻り、錦織さんと席の順番待ちを続けることにしたのです。

しばらくすると、ベティと博士が階段を上がってきました。

ですがまだ2階は満席です。そこで、錦織さん担当の3階へと向かいました。ところがやはり3階も空いていません。博士の神通力も及ばず……と思っていたら、突然10人ぐらいの人が帰って、席がちゃんと空いたのです。

みんなでおいしいコーヒーを飲むことができたのは言うまでもありませんが、これにはわたしも本当にビックリいたしました。

靴同士が会話をする？

池袋のリブロでのサイン会は大成功でした。

会場をあとにして1階へ出てきたところで、みんなで食事をすることにいたしました。池袋西武百貨店のちょうど斜め前に、錦織さんと何度か行ったことのある「月の雫」という、個室もある居酒屋チェーンがあったので、そこへ行くことにいたしました。

靴を脱いであがるお店だったので、わたしが靴を脱いであがるとヒューレン博士も靴を脱いでいました。次の瞬間わたしは目を疑いました。

ヒューレン博士は、わたしの靴と自分の靴を丁寧にそろえていたのです。

偉い人ほどやはり腰が低いのだな……「実るほど頭を垂れる稲穂かな」とはよく言ったものだと思って感銘を受けていたのですが、どうも博士がしている様子がおかしいのです。自分の靴をわたしの靴にくっつけているのです。

わたしが博士の一挙一動に目が釘付けになっていると、博士と目が合いました。すると博士はこう言ったのです。

「こうしておけば、わたしたちが食事をしている間、靴同士で話ができるだろう」

わたしの目が点になっていると「そうすれば、わたしの靴が河合さんの靴を通じてあなたをクリーニングできるだろう」と言うのです。わたしは『ハリー・ポッター』の世界に自分が紛れ込んだような錯覚を受けました。

とても楽しい食事会となりました。隣の個室に若い女性のグループがいて騒がしかったのですが、しばらくすると静かになりました。わたしもクリーニングをしていましたが、おそらくヒューレン博士を筆頭にみなさんがクリーニングをしたおかげだと感じました。

さて、ヒューレン博士は鴨せいろと梅酒を注文し、われわれも麺類を食べていました。

食事の最後に、博士がデザートを注文したいということになり、クリーニングツールにもなる「バニラアイス」を注文することになりました。

ところがメニューに「バニラアイス」がないのです。一番近いものを探したところ、「グレープフルーツ・シャーベット」があったので、ヒューレン博士に「こちらでよろしいですか」と尋ねたところ、うなずかれたので、それを頼むことにいたしました。

ところがしばらくするとお店の人がやってきて「申し訳ありませんが、本日グレープフルーツ・シャーベットはすべて売り切れました」と言うのです。

そこで、わたしが「では、何があるの？」と尋ねると、

「バニラアイスクリームならあります」と言うのです。

まったくの不思議!!　いったいどうなっているのでしょうか。

ヒューレン博士は、未来が見えるのでしょうか。

わたしがビックリして「さっきからおかしいです。スターバックスも変だったけど、ここもおかしい。どうしてメニューにないものが出てくるのですか」と興奮気味に言うと、ベティがこう言うのです。

「河合さん、ヒューレン博士といっしょにいるとわかりますが、いつもこういうことが頻繁に起きるのです。つまり、いつも完璧なことが自然に起きてくるのです」

講演会はこうして始まった

２００９年5月30日、神戸でわたしの最初の講演会が開催されました。

それまでは「引き寄せの法則」関連のセミナーしか開催したことがなく、講演会という形式で、ホ・オポノポノの体験談を語るというのはまったく初めてのことでした。

なぜこのような講演会を始めることになったのかと言えば、『豊かに成功するホ・オポノポノ』を書き終えてホッとしたところに、錦織さんから「おいしいトマト鍋のお店が中目黒にあるので行きませんか」とお誘いを受けたことがきっかけでした。

トマト鍋のお店へ行くと、そこで美人チャネラーのみちよさん（『ハートで天使とつながる方法』『宇宙に彼氏をオーダーする方法』の著者。ともに小社刊）を錦織さんから紹介されました。

みちよさんの話では「河合さんが大勢の人の前で話をしているのが見えます。大変な拍手です」と言うのです。

「そうか、大勢の人の前で講演をすることになるのか」と単純に考えたわたしは、そこで講演会を開催することに決めたのです。

それが講演会を始めるきっかけとなったのです。

神戸で開催された最初の講演会では、クリーニングのすごさを改めて感じることができました。

当時日本では新型インフルエンザの上陸を阻止しようと大騒ぎになっていたときで、新型インフルエンザの感染者が出た地域ではイベントの中止や自粛が行われていました。

ところが、講演会の開催を決めて告知してすぐに、神戸で新型インフルエンザの感染者が出てしまい、わたしも中止をすべきか、そのまま開催すべきか真剣に悩みました。そこで、ウニヒピリ（インナーチャイルド）に尋ねてみると「セミナーを開催したい」と言うのです。

そこで、「緊急事態が発生しないかぎり、講演会を開催する」ことを決断いたしました。

それから日々、会場のクリーニングを続けたところ、奇跡が起きました。なんと、講演会開催2日前に神戸市で安全宣言が出たのです。

開催日当日は、新型インフルエンザの影響にもかかわらず、120名もの方が講演会に参加してくれました。それどころか、たくさんの参加者の方がボランティアとして会場設営に協力してくれたのです。

神戸の講演会の成功を皮切りに、全国縦断の講演会が始まりました。

すなわち、東京、札幌、横浜、新潟、名古屋、福岡、沖縄、仙台などで講演会が開催されたのです。

現在はホ・オポノポノの体験談を語ることはしていませんが、『自分を愛することの大切さ』をテーマに講演を続けています。

ＫＲさんの教え

２００９年８月19日、わたしはＫＲ（カマイリ・ラファエロヴィッチ）女史の個人セッションを受けました。

ＫＲさんからは〝パーソナル・クリーニングツール〟※を教えてもらい、それからそれを使ってクリーニングをするようになり、より簡単に、より早く、そしてより強力にクリーニングができるようになりました。

わたしの〝パーソナル・クリーニングツール〟は、クラッカーのように柔らかい材料でできたサイコロでした。そして、そのサイコロを振って、それを手のひらでつぶすのです。

個人セッションのなかで、ＫＲさんといっしょにその〝パーソナル・クリーニングツール〟を使ってクリーニングをする練習を何度かいたしました。

そして、わたしは次のことを〝パーソナル・クリーニングツール〟を使って、毎日クリーニングするように言われました。

- 自宅のなかにオフィスがあるので、会社と家庭との区別がきちんとなされていない。オフィスに入るとき、出るときに必ずクリーニングをする
- 「自分の運(運命)を試す」という記憶が再生されている。「ギャンブラー」の記憶が再生されているので、それをクリーニングする
- 「経営者のあるべき姿」という記憶をクリーニングする。そして、インスピレーションに従う経営をする
- スタッフたちを「神聖なる存在(Divinity)」だと思い、敬う気持ちからクリーニングする
- 裁く姿勢、正しいから行う、正しくないから行わないという記憶をクリーニングする
- 今までの経験をクリーニングする

そして、右のこととは別に、自分のためにクリーニングをすることと、なんの目的もな

しにただクリーニングをすることも、毎日行うように言われたのです。

さらには『豊かに成功するホ・オポノポノ』に関する大切なヒントをもらうこともできました。

それは何かと言えば「本が何千冊と並んでいて、それが1冊ずつ読者の元へ旅立っていく姿をイメージしてください。まるで自分の子どもが旅立つのを送り出すように、愛おしい気持ちを込めて送り出してあげてください」というものでした。

従来の本のクリーニングに加えて、このイメージを毎朝するようにしています。

おかげさまで、『豊かに成功するホ・オポノポノ』はロングセラーを続けています。

そして、次のホ・オポノポノに関する本についての示唆もありました。

そのころ、『豊かに成功するホ・オポノポノ』に続く2作目の本を書く企画があり、途中でペンディングとなってしまっていたので、それに関する質問をKRさんにしたのです。

KRさんの答えはこうでした。

「インスピレーションから次の本が得られるでしょう。しかし、それは長いクリーニングのあとになります。そして次回は一人で書くことになります」

しばらくして、2作目の本の話は完全に消えてしまいました。

わたしはKRさんから言われていたことをすっかり忘れていましたが、今この本を書きながら気づいたのです。「長いクリーニングのあと」「一人で書くことになる」ということは、この本のことを指していたのではないだろうかと。


もう一つ、わたしにとって素晴らしい収穫がありました。

それは「すべての問題はクリーニングすることで解決できる」と確信できたことです。

『豊かに成功するホ・オポノポノ』に書いてあるとおり、「すべての問題は潜在意識の記憶の再生が原因であり、クリーニングすることで解決する」ということは確かに知っていて理解できていましたが、確信までには至っていませんでした。

それがKRさんの個人セッションの最中に、すとんと腑に落ちたのです。

おそらくKRさんがクリーニングをしてくれたおかげなのでしょう。

これは、その後わたしが生きるうえで、とても大きなプレゼントとなりました。

わたしは、今とても楽に生きています。なぜなら、このことに確信を持っているからなのです。

※パーソナル・クリーニングツール
自分だけの専用のクリーニングツールのことで、一人ひとり異なります。KR女史の個人セッションで教えてくれます。

Please forgive me

KRさんのボディワーク

2010年1月26日、KRさんのハワイのご自宅を訪問するという、光栄な機会がありました。

そこで、ボディワーク（ハワイアン・マッサージ）を受けさせていただいたのです。

KRさんのボディワークは本当に特別です。

あとで気づいて驚いたのですが、わたしはそんなに英語ができるほうではないのですが、KRさんとはほとんど言葉を交わさずとも意思が通じました。テレパシーとでも言うのでしょうか。

おそらく、KRさんは、わたしのウニヒピリや身体自体と会話をして、どこをマッサージしたらいいのか、どんなふうにしたらいいのか直接尋ねて、ボディワークをしていたのだと思うのです。

KRさんのボディワークは、足で行うフットマッサージなのですが、あまりに足が柔らかくて、最初それが足とは気がつかないくらいでした。

終わってから数日経ってわかるのですが、実はただのマッサージでなく、ボディワークを通じてクリーニングをしていたのだと思いました。

身体全体がほぐれたのはもちろんのこと、ビジネスを含めて、奇跡のような出来事が次から次へと起きてくるのです。


ところで、KRさんのご自宅なのですが、同じホノルルでもワイキキよりちょっと山側に入ったところで、緑に囲まれた場所でした。ワイキキより少し涼しく空気がとても澄んでいました。おそらく場所がそうだっただけでなく、KRさんのクリーニングのなせる業《わざ》だと思います。

たとえていうと、神社の境内に入ったような清々《すがすが》しい感覚がするのです。わたしが「日本の神社の境内に入ったような清々しさを感じます」と言うと「そのように心がけてクリーニングしているので、そう言われてうれしい」とKRさんに言っていただけました。

・ＫＲ女史個人セッション・ボディワーク問い合わせ先
SITH ホ・オポノポノ アジア事務局
http://hooponopono-asia.org/
TEL：03-5413-4222
FAX：03-5413-4223
Mail：info@hooponopono-asia.org

Thank you

流れに乗る

ＫＲさんの個人セッションを受けてから、わたしはまるで〝流れに乗って〟生きるかのような日々を送るようになりました。

特に目標や目的を持つこともなく、ましてや願望や願いもなく、ただひたすらクリーニングをするだけの日々です。

何か問題が発生したら、それもまたクリーニングをしますが、なんとか解決するようにと、力を込めて何度もクリーニングをするようなことはしません。自然の流れに身を任せ、「クリーニングしたい」と思ったら、クリーニングをするだけのことなのです。

そして、それ以上に大切にしていることは自分のケアです。

「クリーニングをしすぎたな」「仕事をやりすぎたな」と感じたら、クリーニングや仕事を休み、のんびりすることを心がけるようになりました。

質問や疑問というものも、わかなくなりました。

先日ある方からタロット占いをしていただけると言われ、「何か問題や悩んでいることはありませんか」と聞かれ、考え込んでしまいました。実は、何も浮かんでこなかったのです。

おそらくその方は、わたしが迷っていると思ったのでしょう。親切に「聞きたいことはありますか」と再度言っていただいたのですが、正直言って返答に困ってしまいました。結局何も浮かんでこなかったのです。

以前のわたしだったら、聞きたいことがたくさんあったことでしょう。

しかし、今は自分自身、ウニヒピリ、「神聖なる存在(Divinity)」を信じて任せています。聞きたいことがあれば自分に聞くだけのことですから。そして、何か問題が起きたら、クリーニングをするだけのことなのです。

大切なのは流れに逆らわず、流れに乗ることです。とても楽な生き方です。ただ、流れに身を任せるだけでいいのです。

I love you

すべての問題はクリーニングで解決する

今のわたしには、〝恐れ〟というものがありません。

もちろん、怒ったり、不安になったりすることはありますが、それもクリーニングすることで解消されてしまいます。

「すべての問題の原因は、潜在意識のなかの記憶の再生にある」
「すべての問題は、その原因である潜在意識の記憶をクリーニングすることで解決する」

このことは、真実となって今、わたしのなかにあるのです。

そして、人生で出会うすべての人は、それぞれ自分にクリーニングする機会を与えるために出会っていると思えるようになりました。

すると、人との出会いだけでなく、出来事もそう思えるようになったのです。問題は、わたしたちにクリーニングする機会を与えてくれるために起きているのだと思えるようになったのです。

わたしがクリーニングで気をつけていることは、〝軽やかに〟〝楽しく〟クリーニングを続けるということだけです。

クリーニングがうまくいかないときは、知らず知らずのうちに、肩に力が入っていたり、期待をしすぎたりしている場合が、どうも多いようです。

そういうときは、運動をしたり、温泉に入ったりして、心身をリフレッシュしたほうがいいようです。

すると、自然に問題が解決されたり、問題だと思っていたことが実はそうではなかったことがわかったりして、また、笑顔の日々に戻れるのです。

Episode 10 「すべての本を愛しなさい」

2009年12月5日、わたしの地元・横浜で、初のホ・オポノポノのクラス（ビジネスクラス）が開催されました。

横浜そごうにある紀伊國屋書店でのサイン会のあと、ソフトバンク クリエイティブの錦織さん、家内など、ごく少数のメンバーと中華街で、ヒューレン博士、ベティとの夕食会を開催させていただきました。

まず、ベティからお礼を言われたのにはビックリいたしました。

「河合さん、ありがとうございます。ずっと横浜でクラスを開催してほしいと言って、クリーニングしていただいていましたよね」

確かに1年以上前にクリーニングをしていたことがあったのです。でも、ずっと前のことだったので、そのことはすっかり忘れていました。多少なりとも地元・横浜のクリーニングのお役に立てたのなら、うれしいかぎりです。

ヒューレン博士と家内は初対面です。

「河合さん、あなたは奥さんの素晴らしさがわかっているか」

「奥さんがいなかったら死んでいたところだ」

「あなたはどれだけ自分がラッキーだかわかっているのか」

と、わたしに立て続けに言います。

おそらく博士には、わたしがどうしようもない夫だったころに家内をたくさん悲しませてきたことが、一瞬で見えたのだと思います。

「はい。そう思っています。今は家内の声を神の声だと思っています。毎朝ハグしてキスをしています」と答えると、
家内に「いつからそういう態度になりましたか」と博士は質問されました。

「最近ですね」と家内が答えると、博士は笑いながらわたしを見て「やっぱり」というような顔をして、「河合さんは、もっと奥さんの素晴らしさを知るべきです」と言いました。

わたしが「ですから、今はものすごく感謝しています」と言うと、「河合さん、あなたはその2倍、3倍感謝しないとダメだ」と言うのです。

これには参りました。

そして、『豊かに成功するホ・オポノポノ』について、次のように言われました。

「本のクリーニングは、子どもの自立と同じです。十分に愛して慈しんだら、クリーニング

を行い、親子の関係を切るように、本との関係を切っていくのです。こうすることで、本は本として自立し、本としての存在が確立できます。そうすれば、本にも『神聖なる存在（Divinity）』からインスピレーションが降りてきて、本が勝手に販路を探し、自然に売れていくのです」

そして、わたしにこう言ったのです。

「河合さん、あなたも本に自立をさせなさい」

これには参りました。

以前、「本を愛しなさい」「本をクリーニングしなさい」と言われて、ずっとそのことは続けてきたのですが、最近「僕の本」だとか「僕が書いた本」だとか「僕が一生懸命クリーニングしている本」という思いがとても強くなっていたところだったのです。まるでそれをヒューレン博士は知っていたかのようです。

「『豊かに成功するホ・オポノポノ』は〝河合さんの本〟ではない。『神聖なる存在（Divinity）の本』です」と言うのです。

そして、ヒューレン博士にこうも言われました。

「河合さん、あなたはほかの本もクリーニングしていますか」

「いえ、すみません。していません。明日からホ・オポノポノのほかの本もクリーニングします」としどろもどろになって答えると、こう言うのです。

「わたしが言っているのは、〝すべての本〟という意味です。書店にあるすべての本をクリーニングしなさい」

わたしたちが驚いているのを見て、博士が続けます。

「だってそうでしょう。考えてごらんなさい。『神聖なる存在（Divinity）』にとって、この本は愛してこちらの本は愛さない、ということがありますか。すべての本に光が当たっているのです」

これには、わたしはもっと参りました。

ヒューレン博士は、なんという方なのでしょう。

わたしは、その日からすべての本のクリーニングをしています。

Episode 11 「刑務所で知ったホ・オポノポノ」

2010年11月23日、高知県土佐清水市でわたしの講演会が開催されました。会場となったのは、土佐清水市の大岐の浜にある温泉リゾート「海癒《かいゆ》」です。

その参加者のなかに圭太さんという方がいました。講演会が終わったあとでの懇親会でお話を聞いているうちに、「すべての人間は完璧に創られている」ということを実感いたしました。

圭太さんがホ・オポノポノに出合ったのは、刑務所のなかです(実はある組のヤクザでした)。ある日、刑務所でFMラジオを聞いていたら、DJがホ・オポノポノの話をしていたそうです。「いったいホ・オポノポノとは、なんなのだろう」と、そのときは思った程度だったそうです。

刑務所を出所した圭太さんは、一から出直すことを決意し、所属する組の組長に会って、足を洗うことを告げ、指を詰めたそうです(笑いながら、小指のない手を見せてくれました)。

そして、そのころに出会った彼女からホ・オポノポノの話を聞いて、関心を持ち始め、彼女に勧められて『豊かに成功するホ・オポノポノ』を読んだとのことでした。

そして偶然、温泉リゾートの「海癒」に遊びに来ていたところ、翌日にわたしの講演会があることを知り、講演会に参加することになったのです。

圭太さんは、わたしにこう言いました。

「自分がヤクザをしていたときは『ごめんない。許してください』なんていう言葉は、相手に言わせる言葉で、まさか自分が言うとは思いもしなかった」

彼は現在、クリアアート（ガラスやアクリルに描く芸術）を描いて生活をしています。

クリアアートを描くようになったのは、刑務所のなかで曹洞宗の教誨師《きょうかいし》（人々の心の救いを行う人）である島崎住職（南国市永源寺住職）に写仏を習ったのがきっかけでした。そして、出所後、たまたま知り合いの方がガラスエッチングの道具をくれたのです。

最初は道具の使い方もわからず難儀していたそうです。ヤクザを辞めてゼロになるという意味合いも含めて、クリアなものに仏様とかを彫るのもいいのではないかと、寝る間も惜しんでひたすら練習をしたそうです。それまでの自分を変えたい一心だったそうです。

「ところで、圭太さんは、何をして刑務所に入っていたのですか？」と、わたしはストレートに尋ねました。

彼は、わたしの顔をじっと見ながらこう言ったのです。

「わたしは、人を殺しました。この手で命を奪ったのです」

彼は、今、ホ・オポノポノを実践しながら、クリアアートで仏像や観音様を描いています。

Episode 12 「ラグナビーチでの奇跡」

２０１０年12月12日、カリフォルニア州オレンジカウンティーで、わたしの初の海外での講演会が開催されました。

カリフォルニア州のオレンジカウンティー近郊に住んでいる日本人が対象になるわけですが、いったい何人集まるのかまったくの未知数だったにもかかわらず、会場はほぼ満席となり、わたしも反響の大きさに驚きました。

その講演会の翌日のことです。講演会のコーディネーターをしていただいたみえさんとみえさんの友人のあつこさんと3人で、近くのラグナビーチへ行くことになりました。

ラグナビーチのダウンタウンで買い物をしたあとに、シーフードレストランでクラムチャウダーを食べていたときのことです。

突然、みえさんの携帯電話が鳴りました。何か真剣な表情で英語で話をしていますが、口調からしてご主人のダンさんだとわかりました。

電話を切ったみえさんの様子がおかしかったので、「何かあったのですか？」とわたしが尋ねると、

「どうも、主人の就職が決まったようなのです。面接を受けていた2社から同時に連絡があって、どちらからも採用したいという連絡があった、というのです」とみえさん。

実は、みえさんのご主人は、勤めていた会社からレイオフされ、もう1年半ほど職がなく、失業保険も12月で切れたばかりで、1月からどうしようと頭を抱えていたところだったのです。

そして、ご主人から喜びの電話を受けたとき、とてもビックリして混乱してしまい、またいつもの「面接、ダメだった」という電話かと思って、そんな感じで電話を聞いてしまったと、苦笑いしていました。

そして、この話に至るまでに、以下のようなやり取りが、前日の夜にみえさん夫婦の間であったそうです。

わたしの講演会が大成功に終わって、楽しい打ち上げが終わり、家に帰宅したときのことです。

家に戻ったら、講演会でビデオや写真を撮ってくれていたご主人のダンさんが、子どもた

ちにもご飯を食べさせ、娘を寝かしつけ、きちんと家のことをすべてやってくれていました。

それに加えてみえさんに、「お帰り。今日はお疲れ様だったね」と優しく言ってくれたのです。

その瞬間、みえさんのなかで何かが起きました。

何かが消えて、何かがわき上がってくるような感じがしたのです。彼女はこう表現しています。

『しぼんでいったのは、わたしの傲慢さ。そしてその代わりに、感謝の気持ちがわき上がってきたのです』

そして、気づいたら、次の言葉をみえさんは口にしていました。

「今まで、わたしばっかりが働いて、なんでこんなにしんどい思いをしないといけないのかと思ってた。ごめんね、わたしの思い上がりだった。今までありがとう。ダンや子どもたちの助けがあったからこそ、ダンが失業中も、わたしが働いてなんとか食べていくことができた。それに気がついたのよ」

ダンさんは面食らって「どうして急にそんなこと言うの？」と驚いていましたが、とてもうれしそうにしていたそうです。

みえさんとダンさんご夫婦に起きた奇跡。

愛が奇跡を起こす、その場に立ち会うことができたことを、わたしもとても光栄に思うのです。

第5章
人生はクリーニング!!

わたしの生い立ち

１９５９年11月11日、わたしは横浜で生まれました。経営者の父、お嬢様育ちの母、６歳年上の兄の４人家族の家に生まれたのです。

わたしが子どものころの父の記憶は、楽しいものばかりではありません。企業経営者としては、確かに成功していたのですが、家庭での父は決して褒められたものではなかったからです。

ちゃぶ台をひっくり返して、母に怒る父。

お茶を湯呑みごと母に投げつける父。

そんな記憶が出てくるのです。

父は、商人の家の二男で２代目の経営者でした。何事も手際よくきちんと運ばないと気が済まない性質でした。勤勉で商才があり、祖父が創業した商店を会社組織にして、飛躍的に拡大させた人です。

一方、わたしが子どものころの母の思い出は、ほとんどありません。

いや、正確に言えば、わたしは生まれてすぐに母の実家に里子として預けられてしまったので、母としての記憶がないのです。

なぜなら、母はわたしが生まれてからすぐに精神分裂病（当時は「統合失調症」という言葉がなかったように思います）にかかってしまい、そのまま入院してしまったからです。

母は、お嬢様育ちで、得意なのはお花とお琴。家事がまったくできない人でした。お金の管理もうまくできず、いつも父に怒られていたそうです。

友達が遊びにきてくれたときに、母がカレーを作ってくれたのですが、少し辛かったので「辛い」と言ったら、カレーに砂糖を入れた人です。当然ながら、そのカレーは誰も食べられなくなってしまいました。

母は状態がよくなると退院してくるのですが、父が何事にも不器用な母に怒りをぶつけます。わたしはわたしで、退院してきた母に甘えたくて、いろいろとわがままを言います。そして、それがまた原因となって、母はすぐにまた入院してしまうのでした。

結局母は、一生のほとんどを精神病院で過ごすという、大変かわいそうな人生を送ることになったのです。

Please forgive me

母の死

1981年1月10日、母が亡くなりました。

当時わたしは大学3年生。

生まれて初めての海外旅行で、アメリカへ独りで旅に出かけていました。

成田空港に飛行機（今はなくなってしまったノースウエスト航空）が到着し、降りる準備を座席でしていると、スチュワーデス（今のキャビン・アテンダント）さんから「すぐに家に電話してください」との伝言メモを渡されました。

飛行機を降りて「相変わらず、親父は心配性だなあ」と苦笑いをして家に電話すると、兄が電話に出てこう言うのです。

「ビックリしないで聞いてほしい。お母さんが亡くなった。今、ちょうどお通夜をやっているので、早く帰ってきなさい」

ちょうどそのころ、わたしは家内とつきあいだしたころで、家内が成田まで迎えにきてくれていました。そして、わたしが家内に再会して開口一番に言ったのは、次の言葉でした。

「お母さんが亡くなったらしい。今、お通夜をやっている。でも、せっかくだから何か食べて帰ろうか」

今から思えば、とてもおかしなことを、わたしは言ったようです。薄情な息子だと言われるかもしれません。

母が亡くなったと聞いて、確かにビックリはしましたが、なぜか悲しいという気持ちにはなれなかったのです。むしろ、ホッとしたというのが正直な心境だったのです。

母が亡くなったのも、横浜の精神病院でした。

精神病院には保護室という部屋がありました。

窓がなく、床も壁もすべての面がマットレスのようなもので覆われていて、自殺できないようになっている部屋なのですが、その保護室で冷たくなって死んでいるのが発見されたのです。

なぜか全身裸で、しかも死後6時間も経っていたそうです。

死因は心不全ということでした。53歳という若さでした。

母は、それは美しい人でした。そして、とてもとても優しい女性でした。現代の日本の社会のなかでは、母は優しすぎたのかもしれません。

わたしは、家内から「まっすぐに家に帰りなさい」と言われ、そのまま家に戻ったのですが、やはりお通夜には間に合いませんでした。

父ときたら、なぜかとてもはしゃいでいました。「オレもこれでやっと独身になった」と言って、告別式後の精進落としで、ビールを注いで回っていたくらいでしたから。

Thank you 兄の自殺未遂

これで罰が当たったのでしょうか。それから5ヵ月後のこと、とんでもない事件が起きたのです。

6月のある日のこと、JRになる前の国鉄横浜駅から電話があったのです。

「河合茂巳さんのご家族ですか」(河合茂巳というのは、わたしの兄のことです)

「はい、そうですが……」

「茂巳さんが、横浜駅で電車に触れられまして、けがをされて、病院に運ばれました。ついてはすぐに病院に行ってください」

わたしは、この電話を聞いたとき、「とうとう、やっちまったな」と思いました。というのは、大学3年生くらいになったときから兄も精神分裂病（統合失調症）にかかってしまい、そのころからよく「死にたい」と口にするようになっていたからです。

父が庭でバラを育てていたのですが、兄はそのバラにまいていた農薬を飲んでしまったり、医師からもらった精神安定剤を1ヵ月分まとめて全部飲んでしまったり、ひどいときは、大きな道路に突然飛び出したり、そんなことをときどきしていたのです。

ですから、横浜駅から電話をもらったときに、わたしは「やっちまったな」と思ったのです。

わたしは、よせばいいのに自分で車を運転して病院へ向かいました。今でも覚えているのですが、運転しながらも、アクセルを踏む足がガクガクと震えるのです。

兄は横浜駅で京浜東北線の電車にホームから飛び込み自殺をしてしまいました。両足を根元から失い、危篤状態にあり、医師からは「輸血をするので、新鮮な血を集めてほしい」と言われました。

兄の血液型はB型でした。わたしは、必死になって友人たちに電話をして、血液型がB型の人には事情を説明して献血をお願いしたのです。

30分ほど遅れて、父も到着いたしました。しかし、父はソファーに座りこんで、何もしようとしません。親戚のなかにもB型の人はたくさんいるはずです。

そのときわたしは、父をとても怒っていました。

なぜ何もしないのだろうか。

なぜ親戚に電話をしないのだろうか。

でも、今になってみると、なんとなく父の気持ちもわかるのです。

父は、あのまま兄に逝ってほしかったのだと思うのです。兄を思う親心だったのでしょう。


医師団の懸命な努力のおかげで、献血をしていただいた方々のご厚意のおかげで、そして何よりも兄ががんばってくれたので、兄は危篤状態を脱することができました。

それから5ヵ月後の11月、兄は無事に退院して、家に戻ってきました。ただし、精神的にも肉体的にも障害者となってしまいましたが……。

ここから兄の車いすの生活が始まったのです。

I love you

父の死

兄が自殺未遂事件を起こしてから、さすがに父も体調を崩してしまいました。

「腰が痛い」と言って寝込んでしまい、鍼・灸や形成外科に通っても、いっこうによくならないので、12月になって病院で検査入院をすることになりました。

12月の中旬のある日、わたしはその病院の医師から電話をもらいました。話をしたいと言うのです。

わたしが病院に行くと、医師から次のように言われました。

「あなたのお父さんは、腎臓ガンの末期です。3ヵ月の命です。長くもっても、半年でしょう」

わたしは、それを聞いて頭のなかが真っ白になりました。

どうして、こんなことになってしまったのだろう。

なにしろ、1年の間に、母が亡くなり、兄が障害者となり、そして父が死の宣告を受けることになったのです。

何かのたたりではないのか。呪われた家系なのではないのか。次はオレの番なのではないのか。そんな思いが頭のなかを駆け巡ります。

夕方、まっ暗になった家の自分の部屋に戻り、独り泣いた記憶があります。

幸いなことに父は、それから2年半もがんばって永らえてくれました。

わたしは、家族のそういう状況もあり、家から通える会社に就職しようと、地方への転勤がない会社を探しました。

そして、地元の横浜銀行（当時は東京・神奈川にしか支店がなかった）を受けることに決め、無事に就職することができたのです。

腎臓ガンとの2年半の闘病生活の末、父は他界いたしました。

考えてみれば、家庭的に幸せな時期がほとんどなかった父でした。企業人としては大成功した父でしたが、父もまたかわいそうな人生を送った人だったのです。

I'm sorry

24歳で社長となる

父が亡くなったので、わたしは横浜銀行を退職し、父の会社を引き継ぎ、3代目の社長に就任いたしました。

24歳のときでした。

2代目・3代目の経営者というと、うらやましく思う方が多いのかもしれませんが、実は、2代目・3代目の経営者でないとわからない苦労というものがあります。

それは、〝先代と比較されること〟です。

経営がうまくいくと「お父さんのしっかりした基盤があったから」とか「おじいさんが偉大な人だったから」と言われてしまいます。

逆に失敗でもしようものなら「やっぱりバカ息子だった」とか「ボンボンだから」などと言われてしまうのです。直接は言われなくても、そのように言われているのが、なんとなく伝わります。

そこで、わたしはどうやったら世の中に自分を認めさせることができるか、見返すことができるかと考え、とにかく売り上げを増やして、会社を大きくしようと考えました。ですから、売り上げを伸ばすことだけに焦点を絞って、全力で仕事の拡大を図ったのです。

父から引き継いだときは、年商2億円の企業でしたが、2億が2億5000万、5億、10億、15億、20億と、売り上げが5年で10倍になったのです。従業員も18人から75人にまで増えました。

ちょうど30歳のときでした。

![Please forgive me]

自己啓発オタク

ところが、年商20億の青年実業家になっても、ちっとも幸せになれないのです。やってもやっても達成感も満足感もなく、気持ちは焦るばかりです。

そう思っているうちに、二人三脚でいっしょにがんばって会社を大きくしてくれた右腕の営業本部長が「社長にはついていけません」と言って退職してしまいました。売り上げを拡大するために新しく設立した事業部は大赤字です。家庭を顧みずに、毎晩のように飲み歩いていたので、私生活も大荒れです。最年少理事だと言って、威張っていた青年会議所で、突然出世街道から外され、一兵卒からやり直しをさせられることになりました。

何をやってもうまくいきません。

八方ふさがりの状態になってしまったのです。

そこでわたしは、考え方を変えることにいたしました。

どうやったら幸せになれるのか、真実とは何か、どうしたら成功できるのか、ということを探求しようと考えたのです。つまり、自分探しの旅に出かけたのです。

企業経営のかたわら、わたしはさまざまな探求をいたしました。

アメリカから上陸したさまざまな自己啓発セミナー、ブッダが悟りを開いたとされる瞑想法、果ては新興宗教などを渡り歩きました。寒い2月には朝5時に起きて水をかぶり、座禅をしていました。アメリカにまでセミナーを受けに行ったこともあります。有名な霊能者のお弟子を1年ぐらいしていたこともありました。

つまり、〝自己啓発オタク〟になったのです。

素晴らしいセミナーや学びもたくさんありました。〝ワンネス〟を体験し、自分と他人の区別がつかなくなったこともありました。人間が光の泡のようなものでできていることを体感したこともありました。カルマが物質化するのを見たこともあります。

しかし、どれもしばらくすると、わたしのなかから消えていくのです。これが〝本物だ〟と言えるものに、出合うことができなかったのです。

そして、ついにホ・オポノポノに出合う運命の日を迎えるのです。

それまでに、わたしには20年間という時間と2000万円というお金の投資が必要だったのです。

兄の死

2009年5月2日、兄が亡くなりました。

死因は窒息死。兄は、食べ物をのどに詰まらせて亡くなったのです。

享年56。

兄は、いつも食べ物をほお張って、急いで食べる癖があり、よくむせていました。そのたびに「お兄ちゃん、そんなに急いで食べると、のどが詰まるよ」と言っていたのですが、ついにそれが現実となってしまいました。

兄は、わたしより6歳年上なので、いつかは看取ることになるだろうと思ってはいたのですが、あまりにも早過ぎる死でした。

兄が死んでいるのを発見したのは家内です。

寝る前の薬を渡そうとして、離れとなっている部屋につながる廊下で、車いすに乗ったまま亡くなっている兄を発見したのです。

最初は寝ているのかと思い、「茂巳さん、そんなところで寝ていると風邪をひくわよ」と言って背中をさすったところ、動かなくなっていて気づいたのです。すぐにベッドに運び、心臓マッサージをしながら、家内は救急車を呼びましたが、既に身体は冷たくなっていました。間に合わなかったのです。

わたしは、ヒューレン博士のホ・オポノポノ・ベーシック1クラスの初日に参加をしていて、帰りの電車に乗っていました。

電車のなかで何度も家内から携帯に着信があり、「電車だから」と言ってもまた着信するので、何事かと電話に出ると、家内が途切れ途切れ泣きじゃくりながら「茂巳さんが死んじゃったの」と言うのです。

横浜駅から急いでタクシーで帰ると、家の前には救急車が停まっていました。

救急隊員の方がいましたが、亡くなっていることが明白になると事件扱いとなり、警察の仕事となるので、何もしてくれません。

窒息して亡くなったと聞いたので、さぞかし苦しい顔をしているのかと思い、恐る恐る兄の顔をのぞき込むと、とても穏やかな顔をしていました。

わたしは、そのときすべてがわかったのです。

兄は、光の世界に帰っていっただけなのだと……。

今生の仕事をすべて終えて、光のもとへ帰っていったのです。

わたしは、開いたままになっている兄のまぶたを、静かに閉じました。

56年間の生涯のほとんどを、精神的にも、肉体的にも障害者として過ごした兄。

もしも、ホ・オポノポノに出合っていなかったら、わたしは、こんなに穏やかに、兄を見送ることはできなかったでしょう。


翌日は、ヒューレン博士のホ・オポノポノ・ベーシック1クラスの2日目です。

常識だったら、前日に兄が亡くなったばかりなので、欠席するところなのでしょうが、家内も「行ってきたら」と言うので、わたしはベーシック1クラスに出席をすることに決めました。

電車で会場へ向かう途中、兄が亡くなったことを知ったホ・オポノポノ・アジア代表のベティが、心配してわざわざ電話をくれました。最初、わたしがクラスに出席する旨を伝えるとビックリした様子でしたが、「兄は光のもとに帰っただけなのです」と言うと「わかりました」との返事。彼女にはこの言葉だけで、すべてがわかったのでしょう。

会場でヒューレン博士に会ったら何を言おうかといろいろと考えていたのですが、結局わたしの口から出た言葉は「兄は、ただ光の国へ帰っただけなのです」という言葉でした。

ヒューレン博士はただにっこりほほ笑んで、力強いハグをしてくれました。もうそれだけで、わたしには十分だったのです。

そして、お昼休み直前にクラスのなかで、ヒューレン博士がわたしにシェアをする機会を与えてくれました。わたしは、そこで兄の死についてシェアをしたのです。ホ・オポノポノに出合ったおかげで、兄の死を穏やかに受け取ることができたことを……。

お昼休みや休憩時間に、たくさんの人から声をかけられました。

そのなかで2名のヒーラーの方から、まったく同じことを言われたのです。

「先ほどからお兄様が河合さんの横に立っていて、ニコニコ笑いながら『政実、ありがとう。政実、ありがとう』と言っていますよ」

そして、こう付け加えてくれたのです。

「河合さんに伝えてほしいメッセージがあるそうです」

「なんでしょうか？」とわたし。

「それは『僕はずっと幸せだった』ということだそうです」


兄は、姿形こそ見えなくなりましたが、わたしの心のなかに、シェアを聞いてくださった1000人のベーシック1クラスの参加者のなかに、そしてこの本を読んでくださった読者のなかに、これからも生き続けることになるのです。

家族の役割

兄が亡くなって、お通夜となり、告別式となりました。

のどを詰まらせて窒息死で亡くなったのに、とても穏やかな死に顔をしていた兄ですが、
それが日ごとにますます穏やかな表情になっていくのです。

告別式の日にはなんと、かすかにほほ笑みさえ浮かべていたのでした。

密葬なので、家族と親戚だけの葬儀となりましたが、親戚の人のなかには「茂巳はかわいそうな人生だったね」とか「政実もこれで重い荷物を下ろしてホッとしたでしょ」と言う人もいました。

しかし、わたしの解釈は反対です。

わたしは、むしろホッとしたのは兄のほうではなかったのかと思うのです。

兄が今生、あのような姿でいたのは、すべてわたしたちのためではなかったのかと……。

56年間の生涯のほとんどを、精神的にも、肉体的にも障害者として過ごした兄。

兄は、わたしのために、家族のために、障害者となる道を選んだのではないかと思える

のです。わたしたちの成長を見届け、これで自分の役目をすべて終えたと感じたので、安心して光のもとへ旅立っていったのではないかと思うのです。

兄がいなかったら、きっと離婚していたかもしれません。仕事でもっと暴走をしていたかもしれません。兄がいてくれたからこそ、いろいろな面で防波堤となってくれたのだと思います。家族の絆となっていてくれたのです。兄が家族のなかのバランスをとっていてくれたのだと思います。

家庭のなかに、問題を起こす人や、病気がちの人などがいることがあると思います。でも、おそらくそういう人は、家族のなかで大切な役割を演じているのだと思います。家族は一つの宇宙といっていいと思います。そのなかで、バランスをとる役割を担っているのです。

そして、家族の成長とともに、バランス役を降りることになるのです。

人生はクリーニング!!

KRさんは、わたしが個人セッションを受けたときに、とても大切なことを改めて教えてくれました。

それは「人生の目的はクリーニングである」ということです。

KRさんは「人生はクリーニングのためだけにあります」とさえ言い切りました。

わたしは「クリーニングのためだけにある」という境地にまでは至りませんが、「人生の目的はクリーニング」ということは腑に落ちています。


そういう観点から考えてみると、兄のこともよくわかります。

兄は、わたしのクリーニングのために、あのような素晴らしい生涯を送っていたのだということです。河合家と会社の守り神としての役割を果たしてくれたのです。

わたしが子どものとき、父はとても家庭的とはいえませんでした。

ちゃぶ台をひっくり返す。湯呑みを母に投げつける。

でも、それもわたしのクリーニングのために、父がしてくれたことだと思うのです。宇宙の大きな愛という、目に見えない仕組みのなかで、父が役割としてわたしにやってくれたことなのです。

わたしが子どものとき、母がいなくて寂しい思いをしました。愛に飢えて育ちました。病気とはわかっていても、母を恨んだこともあったでしょう。

でも、それもわたしのクリーニングのために、母がしてくれたことだと思うのです。宇宙の大きな愛という、目に見えない仕組みのなかで、母が役割としてわたしにやってくれたことなのです。

そうして考えてみると、わたしの人生に起きたことすべてが、わたしのクリーニングのために起きたことだ、ということがよくわかります。

これまで出会ったすべての人に、すべての問題に、感謝をいたします。

特に、パートナー、父、母、兄弟、子どもとして、出会った家族には、大きなクリーニングのギフトをわたしに与えてくれたのだと思うのです。

素晴らしい人生に感謝します。

人生はクリーニング!!

Episode 13 「母との苦い思い出」

クリーニングにはある意味で終わりはないのかもしれません。玉ねぎの皮をむくように、小さくなるのですが、また次の皮が出てくるのです。

特に両親のことは、永遠の課題なのかもしれません。

母とのことは、クリーニングを続けていますが、ホ・オポノポノを深めるにつれて、忘れていた記憶が新しく浮上してきます。あるいは、たいしたことないと思っていたことが、深いキズとなっていたことに気づくようになりました。

その一つをご紹介したいと思います。

それは、わたしが小学校5年生のときのことです。

小学校の友達たちは、わたしの母には会ったことがありませんでした。なぜなら、わたしの母は、何年も精神病院に入院したままだったからです。

友達に「河合のお母さんはどうして家にいないの？」と聞かれると「肝臓病で入院している」と答えていました。父から「肝臓病は長くかかる病気だからそう言え」と言われていたからです。

当時（今でもそうかもしれませんが）、精神分裂病（「統合失調症」という病名は当時ありませんでした）は、他人には隠さなければならない病気でした。

ある日、友人の一人がわたしに言いました。

「河合のお母さんは、本当は死んじゃって、いないのだろ」

「そんなことないよ。生きてるよ」

「だって、見たことないじゃないか」

「肝臓病は時間がかかる病気なんだ」

わたしは父に言われたとおりに反論いたしましたが、友達は首をかしげていました。

それから数ヵ月後のこと。

母が久しぶりに退院すると、父に言われたのです。

母と再会できる。

そう思うと心が躍ります。

そして、母との再会。

母は思った以上に元気でした。

数年ぶりに母に会えて、わたしはうれしくて、うれしくて、たまりません。


数日後、学校で父母が出席する行事がありました。

母も出席するとのこと。

学校行事があると、わたしの場合欠席となるか、たまに父が会社を休んで出席することがありましたが、男親が来るのはわたしだけで、いつも肩身の狭い思いをしていました。

それが今回は、母が出席してくれるというのです。

わたしは天にも昇る心地でした。


当日、学校の授業が終わり、わたしが友達たちと下校していると、親たちがやって来るのとすれ違いました。

そのなかに母がいました。

なんと着物を着ています。

わたしはとても誇らしい気分になりました。

わたしが母とすれ違うときに、母がわたしのところに来て、こう言いました。

「おばさん、これから先生と会ってくるからね」

（おばさん？　どうして？）

わたしは、一瞬、耳を疑いました。


1時間ほどして、母が家に帰って来ました。

「なんで『おばさん』なんて言ったんだ！」わたしは母をなじりました。

「お母さん、久しぶりだったから、あがっちゃったのよ」と母。

「バカ！　バカ！　バカ！　死んじまえ。なんで退院したんだ！」

わたしは怒りを母にぶつけました。


それからしばらくして、母はまた精神病院に入院してしまいました。

母はこのことですっかり自信を失ってしまったのでした。

そして、二度と正気に戻ることはありませんでした。

すっかり忘れていましたが、クリーニングすべき記憶として、わたしの心に浮上してきたのです。

わたしのことをとても愛してくれていた母。
うまく言えなかったことが、さぞかし無念だったことでしょう。
わたしのせいで、母の病気が再発してしまったという思い。
後悔してもしきれない、その罪悪感をわたしはクリーニングします。

お母さん、ありがとう。
愛しています。

そして、10歳の自分自身を愛して抱きしめてあげます。
つらかったね。寂しかったね。

Episode 14

「飛行機くん、ごめんなさい」

２０１０年11月25日、高知県土佐清水市での講演会を終え、わたしは高知から伊丹行きの飛行機に乗ることとなりました。

離陸10分前となり、わたしは全日空１６１６便に乗ろうとして驚きました。

全日空１６１６便は、74人乗りのプロペラ機（ボンバルディアＤＨＣ８－Ｑ４００）だったのです。

プロペラ機に乗るのは、何年ぶりかです。

国内旅行では、小学生のころに伊丹～米子間をＹＳ－11で飛行して以来のことでした。

「なんだ、プロペラか！　小さいなあ」と思いつつ、わたしはタラップを昇って飛行機に乗り込みました。

飛行機のなかは、こぎれいに整えられ、座席も思ったより広々としていました。

わたしの隣の窓側の席には、おばあさんが一人でちょこんと座っていました。飛行機全体の座席がかなり空いていたので、キャビンアテンダントさんに、通路を挟んだ右隣の二人分の空席を指差し「こちらに移動してもいいですか?」と尋ねると、「離陸したらどうぞ」と言われました。

エンジンがかかり、滑走路を飛行機が動きだします。

プロペラ機のエンジン音が大きかったことは思い出していましたが、予想以上に音が大きく、うるさく感じました。

飛行機は無事に所定の高度まで上昇し、間もなく水平飛行に移りましたが、思った以上に激しく揺れます。

わたしは飛行機に乗るときに、うっかりクリーニングをせずに乗ってしまったことを思い出しました。

そこで、天井に手のひらでタッチして「アイスブルー」と言って、クリーニングをしてから、「こんばんは!」と〝飛行機くん〟にあいさつをいたしました。

〝飛行機くん〟からはなんの返事もありません。

そこで、もう一度「アイスブルー」と言って「どうしてこんなに揺れているの?」と尋ねると、「僕のことなんてどうでもいいんでしょ?」と〝飛行機くん〟が言うのです。

そこで、ハタと気づいたのです。「なんだ、プロペラか」とずいぶんと失礼なことを言って、わたしは飛行機に乗ってしまったことを……。

「そうか、ごめんね。あんなこと言って……。今日は乗せてくれてどうもありがとう」

「みんなそうなんだよ。誰も僕のことなんか、大事に思ってくれやしないんだ」と〝飛行機くん〟が、すねています。

「そんなことないよ。みんな、高知と大阪の交通の便として、とっても便利だなと感謝しているはずだよ。〝飛行機くん〟はジャンボジェットにはできないことをしているんだよ。今日は本当にごめんなさい。そして心から感謝しています。ありがとう。そして心から愛しているよ」

そう言って、わたしはまた天井に手のひらで何度もタッチいたしました。今度はとっても愛おしく思いながら……。

すると、どうでしょう。

飛行機の揺れが突然収まったのです。そして、それから伊丹空港に到着するまで、飛行機は二度と揺れることはありませんでした。

隣のおばあさんがわたしに話しかけてきました。

「高知へはお仕事ですか?」

「高松、高知、土佐清水で、講演会とセミナーをしてきました」とわたしが答え、それからおばあさんと話がはずみました。

おばあさんは、80歳を超えているそうですが、高知へはなんと講演のために来ていたとのことです。天理教の熱心な信者で、全国各地でときどき講演をされているとのこと。どうも天理教の幹部の方のようです。

わたしの亡くなった母が晩年、天理教の信者であったこと、そしてわたしも天理へ行ったことがあることを話すと、そのおばあさんは「ありがたい。お母さんのご縁ですなあ」と喜びます。

わたしは、これはクリーニングの機会だと感じ、母のクリーニングを静かに行いました。

おばあさんから「どんな本を書いたのか」と尋ねられて、ホ・オポノポノの説明をして「すべての存在には意識があるのです」と説明をすると、「ああ、それでさっき飛行機に触っていたんか」と言うのです。

おばあさんは、飛行機が揺れなくなったことについてのわたしの説明を聞いても、少しも不思議には思わなかったようで、「そやなあ」とわたしの話を熱心に聞いていました。

そして「席は移動しなくていいの?」と尋ねるのです。

おばあさんとの会話が楽しくなっていたわたしは、「どうもここがわたしが座るべき場所だったようです」と答えたのでした。

そして、あんなにうるさいと思っていたプロペラの音が、少しも耳障りな感じがしなくなっていたことに気がついたのです。


わたしにとって忘れられない、高知から大阪への飛行機での旅となりました。

Episode 15 「亡き父からの誕生日プレゼント」

2010年11月11日は、わたしの51回目の誕生日でした。

誕生日には、本当に素晴らしいことがたくさんありました。

まず、長女の大学の最後の学費の支払いをしたことです。

長女は小学校から高校までずっと私立でした。大学は公立の大学に行ってくれたので、親孝行をしてくれましたが、小学校から大学までずっと授業料を払い続けることは、大変でした。

会社の経営者とはいえ、いいことばかりではありません。資金繰りが苦しくて、光熱費の支払いに困ったときもありました。最後の学費を支払ったことは、感慨深いものがあります。「お互いがんばったね」と家内と喜び合いました。

次に、家族４人で自宅近くのイタリアンレストランで食事をしたことです。お店のサービスで、ハッピィ・バースデイの歌を歌ってくれ、記念写真を撮ってくれました。とてもおいしかったし、とても楽しい食事でした。

実は、わたしの誕生日に家族で外食したのは初めてだったと気づきました。最近は家で誕生日を祝ってもらっていたのですが、ホ・オポノポノを知るまでは、「仕事が忙しい」とか「つきあい」ということを口実に、いつも誕生日は午前様でした。

なんと無駄な人生を送っていたのでしょうか。恥ずかしい話ですが、まるで夢遊病者のような生活をしていたのです。

そして、偶然とは思えない、不思議なことが起きました。

お昼に郵便局から小さな小包が届きました。

わたしが受け取って差出人を見ると、アメリカのサンディエゴに住む義理の母からの小包でした。住所はなく、ただサンディエゴとだけ書いてあります。

父は母が亡くなると、義理の母といっしょに暮らすようになっていました。しかし、そのつかの間の父の青春も、5ヵ月間で終わりとなりました。兄が自殺未遂を起こして身体障害者となってしまったのをきっかけに、父は体調を崩し、ついには腎臓ガンになってしまうのです。懸命に看病をしていた義理の母の姿を見て、わたしは正式に籍を入れることを勧めました。

2年半後、父は他界しました。

わたしが24歳のときのことです。

わたしは、このまま義理の母といっしょに暮らしていくのかと思っていましたが、義理の母は突然家を出て行き、しばらくすると弁護士を通じて訴訟の通知が届きました。

遺産相続をめぐる争いが起きたのです。

それ以来、義理の母とは音信不通となってしまいました。義母が家を出て行ってから、実に27年の月日が流れていました。

その義理の母から、兄に宛てた小包が届いたのです。兄は他界してもういないのに、義理の母は、兄がまだ生きていると思ったのでしょう。

小包のなかには、兄に宛てた絵ハガキがありました。

「この眼鏡は亡き父上様が御愛用されていたものです。今日までわたしが大切に預かっておりましたが、今後は茂巳さんにお願いいたしたくお送り致しました。よろしくお頼み申します」

袋を開けると、確かに見覚えのある、父の金縁の眼鏡が出てきました。

遺産相続の争いで、許せないと思ったこともありましたし、義理の母の父への愛情を疑ったこともありました。

でも、父が愛した女性です。

父が「政実、もういいだろ。クリーニングして、完了しなさい」と言っているようにわたしには思えました。

わたしは、父の眼鏡を仏壇の位牌の前に供えて、お線香をあげました。

「お父さん、素敵な誕生日プレゼントありがとう。お父さんのおかげで今日までくることができました」

「お義母さん、自分では完了していたつもりでしたが、そうではなかったようですね……。

父のことを最後まで看病していただき、ありがとうございました。また、父への愛を疑ったことを許してください」

亡き父からの誕生日プレゼントでした。

Episode 16「幸せ」

ある日のこと。

横浜から品川行きの京浜急行の快速特急に乗りました。
最後に乗ったので、ドアのところに立ちます。
途中「京浜川崎」駅に着きます。
時間調整のため、１分ほど停車していました。

ふとホームを見ると、小学生の一団が先生に引き連れられて並んでいます。

次に来る各駅停車に乗るようです。

「遠足？」とわたしが声をかけると、

「うん」と女の子が答えます。3年生ぐらいか……。

みんな赤い運動帽をかぶっています。

「どこへ行くの？」

「平和島公園」

「へぇー、いいなあ！」

発車のベルが鳴り、ドアが閉まります。

すると、一人の男の子がわたしに手を振りました。

わたしも手を振ります。

するとホームにいた小学生全員が手を振るのです。

わたしも一生懸命に手を振りました。

子どもたちの笑顔がまぶしいです。

心が温かくなりました。

Episode 17 「卒業」

2011年3月6日、ホ・オポノポノの体験を語る最後の講演会が徳島で開催されました。懇親会も終わり、ホテルへ戻ってのんびりしていると、1通のメールが届きました。大学4年生の長女からのものでした。

『卒業を認める者が掲示板で発表されて、学籍番号があったので、晴れて卒業できました。4年間、大学に通わせてくれてありがとう』

とても短いメールでしたが、父親としてとてもうれしいメールでした。

しばらくすると、今度は家内からメールが届きました。

『ゆいちゃん（長女の名前）から、卒業認定者に自分の名前があった、4年間大学に通わせてくれてありがとうとメールもらいました。泣き……』

メールが途中で切れて意味がよくわかりません。

どうやら家内は感動して泣いているようです。

しばらくすると、また家内からメールが来ました。

『おめでとう。いろいろなことがあったけど、よくがんばったね。たくさんのことに挑戦していくエネルギー、そこで困難に当たっても乗り越えて行ける能力、気力、体力、このすべてを持っている女性は、ママが現実に巡り合えた人で、数人しかいません。自分の娘がそんな女性に成長したことを、今までかかわったすべての人達に感謝したいと思います。そして、その母であることを、心からうれしく思います。これからも、ゆいちゃんが元気に自分の道を歩いて行く姿を見るのを、楽しみにしています。卒業おめでとうと、返信しました』

わたしが次のステージに行くことを「神聖なる存在（Divinity）」が祝福してくれるために、このようなメールを家族からもらったのではないかとわたしは思いました。

自分自身と長女に、心から次の言葉を言いたいと思います。

「卒業おめでとう」

「よくがんばったね」

河合政実「ホ・オポノポノ体験談」講演会記録

神戸（2009年5月30日）
東京（2009年6月15日）
札幌（2009年6月21日）
横浜（2009年6月28日）
新潟（2009年7月16日）
名古屋（2009年7月22日）
福岡（2009年7月25日）
沖縄（2009年8月1日）
仙台（2009年8月15日）
東京（2009年8月21日）
京都（2009年8月24日）
横浜（2009年8月29日）
高知（2009年9月18日）

高松（2009年9月20日）
名古屋（2009年10月14日）
松山（2009年10月17日）
北九州（2009年10月25日）
郡山（2009年10月31日）
松江（2009年11月3日）
横浜（2009年11月22日）
東京（2009年11月30日）
宇都宮（2009年12月2日）
東京（2009年12月27日）
広島（2010年1月17日）
横浜（2010年1月24日）
名古屋（2010年2月13日）

みなかみ（2010年2月20日）
大阪　（2010年3月6日）
小豆島（2010年3月9日）
豊後大野（2010年3月22日）
横浜　（2010年3月28日）
広島　（2010年4月11日）
金沢　（2010年5月15日）
豊橋　（2010年5月22日）
福岡　（2010年6月13日）
浜松　（2010年6月20日）
沖縄　（2010年6月23日）
鎌倉　（2010年7月4日）
横浜　（2010年7月7日）
高知　（2010年7月10日）
八戸　（2010年7月27日）
八戸　（2010年7月28日）

広島　（2010年7月31日）
岐阜　（2010年8月7日）
分杭峠（2010年8月29日）
宝塚　（2010年9月4日）
砺波　（2010年9月12日）
国分寺（2010年10月3日）
奈良　（2010年10月9日）
長崎　（2010年10月16日）
宮崎　（2010年10月30日）
盛岡　（2010年11月6日）
高松　（2010年11月20日）
土佐清水（2010年11月23日）
カリフォルニア州・オレンジカウンティー
（2010年12月12日）
名古屋（2011年2月20日）
徳島　（2011年3月6日）

河合政実の講演会・セミナーは、独自に企画・デザインしたプログラムであり、ホ・オポノポノとはまったく関係がありません。

なお、現在はホ・オポノポノの体験を語る講演会は行っておりません。

●河合政実講演会・セミナー問い合わせ先
株式会社ナチュラルボーン
http://www.nb-labo.co.jp/
TEL：03-6300-0135　FAX：03-6300-0136
Mail：info@nb-labo.co.jp

●ホ・オポノポノ（SITH）講演会・クラス問い合わせ先
SITH ホ・オポノポノ アジア事務局
http://hooponopono-asia.org/
TEL：03-5413-4222　FAX：03-5413-4223
Mail：info@hooponopono-asia.org

あとがき

本書は、『豊かに成功するホ・オポノポノ』を出版したあとに、わたしが２００９年５月30日の神戸での講演会から、２０１１年３月６日の徳島での講演会までの間に、57ヵ所、約５０００人の方々に講演した内容をもとに、本としてまとめたものです。

ホ・オポノポノと出合ったこと、敬愛するイハレアカラ・ヒューレン博士と出会ったことは、わたしの人生をまったく変えてしまいました。

今から思えば、それまでのわたしは、まるで人生を歩く夢遊病者のようなものだったのかもしれません。

わたしは、自分のことや家族のことは後回しにして、世間体や見栄や義理や人情のために、いつも無理ややせ我慢を続けてきたのです。

そして、ホ・オポノポノに出合って、わたしは初めて真実に気づいたのです。

「幸せは自分の手のなかにある」ことを……。

本来人間は、自分のことを愛することだけで、実は十分に生きていく価値があるのです。どのような立場でも、どのような時代でも、どのような場所でも、自分のことを愛して自分自身を充実させることができたら、大変な貢献を宇宙にしたことになるのではないでしょうか。

それなのに、わたしたちは自分のことを後回しにして、つい他人の世話を焼くことに注力しがちです。

世の中に、自分以上に大切にすべきものは存在しないのです。自分を犠牲にしてまで守るべき物事はありません。いや、たとえそう思っても、そうしてはならないのです。

わたしはこのことを『自愛メソッド』と名づけました。

今後は、『自分を愛し、家族を愛すること』の大切さをより多くの人に伝え、日本、そして地球を、愛と感謝のあふれる国、星にすることを、自分のミッションとして活動をしたいと考えています。

最後に、次の方たちに心からお礼を申しあげ、筆をおかせていただきます。

敬愛するイハレアカラ・ヒューレン博士、同カマイリ・ラファエロヴィッチ女史、SITHホ・オポノポノ・アジア事務局代表で古くからの友人の平良ベティさん、SITHホ・オポノポノ・アジア事務局の平良アイリーンさん、ソフトバンク クリエイティブの編集者で友人の錦織 新さん、わたしの講演会の全国のコーディネーターの方々とボランティアスタッフの皆さん、神奈川県立循環器呼吸器病センターの頼りがいのある優秀な先生方と親切で美人ぞろいの看護師のみなさん、ネットビジネス研究所のスタッフの神山友紀さん、そして最愛の妻の弘子、愛する二人の子どもの祐以子、智崇に対して……。ありがとう。愛しています。

２０１１年3月13日

河合政実

Peace begins with me.

河合政実（かわい・まさみ）

1959年横浜生まれ。慶應義塾大学経済学部卒業後、大手銀行に勤務。経営者だった父の死により、24歳で会社経営者となる。企業経営のかたわら、真理の道の探究を行い、数多くの自己啓発セミナーの研究・開発に携わる。

2009年4月、ヒューレン博士との共著『豊かに成功するホ・オポノポノ』（小社）を出版。Amazonのビジネス・自己啓発部門で2009年5月の月間1位を獲得。

株式会社ナチュラルボーン社長、Mixi「ホ・オポノポノ研究会」「引き寄せの法則研究会」「自愛メソッド研究会」管理人。愛称「とんとん」。

「豊かに成功するホ・オポノポノ」
http://oponopono.blog64.fc2.com/
「幸せを呼ぶ自愛メソッド」
http://luckyfortune.blog89.fc2.com/

とんとんのホ・オポノポノ実践記《じっせんき》

2011年6月8日　初版第1刷発行
2012年10月23日　初版第2刷発行

著　者　河合政実《かわいまさみ》
発行者　新田光敏
発行所　ソフトバンク クリエイティブ株式会社
〒107-0052　東京都港区赤坂4-13-13
TEL 03-5549-1201（営業部）
装　幀　斉藤よしのぶ
写　真　新井邦彦
D T P　アーティザンカンパニー株式会社
印刷・製本　中央精版印刷株式会社

落丁本、乱丁本は小社営業部にてお取り替えいたします。

定価は、カバーに記載されています。

本書の内容に関するご質問等は、小社学芸書籍編集部まで必ず書面にてお願いいたします。

ISBN 978-4-7973-6315-9